◇ 和创造世界名牌的人
『 一起放飞梦想 』

◇ # 和波音一起飞

he boyin yiqi fei

◇ 刘 雯◆编著

吉林出版集团有限责任公司

图书在版编目（CIP）数据

和波音一起飞 / 刘雯编著. -- 长春：吉林出版集团有限责任公司，
2013.10

（和创造世界名牌的人一起放飞梦想）

ISBN 978-7-5534-3410-0

Ⅰ．①和… Ⅱ．①刘… Ⅲ．①韦尔斯，E.（1910～1986）—生平事
迹—青年读物②韦尔斯，E.（1910～1986）—生平事迹—少年读物
Ⅳ.①K837.125.38-49

中国版本图书馆CIP数据核字（2013）第237906号

和波音一起飞
HE BOYIN YIQI FEI

编　　著：刘　雯
项目负责：陈　曲
责任编辑：金　昊
出　　版：吉林出版集团股份有限公司
发　　行：吉林出版集团社科图书有限公司
电　　话：0431-81629727
印　　刷：北京一鑫印务有限责任公司
开　　本：710mm×960mm　1/16
字　　数：100千字
印　　张：12
版　　次：2014年3月第1版
印　　次：2019年7月第2次印刷
书　　号：ISBN 978-7-5534-3410-0
定　　价：23.80元

如发现印装质量问题，影响阅读，请与出版方联系调换。0431-81629727

梦想与生命共存　传奇与我们同在

当你拥有这套《和创造世界名牌的人一起放飞梦想》系列丛书并真正读懂它的时候，祝贺你，你已经向成功又迈近了一大步，并可以为自己的人生勾画一张蓝图了。

开卷有益，我们不是猎奇，不是对世界名人和超级品牌的奇闻轶事简单地一声惊叹，而且通过阅读，让我们的视野变得更加开阔，让我们能够更好地认识这个世界，并找到适合自己的成功之路。

这是一套全方位满足你阅读愿望的好书，文字鲜活，引人入胜。这里有商界巨鳄的传奇创业故事，也有他们普通如你我的日常生活，当你随着一行行文字重走他们的人生之路时，你的心一定会在波澜起伏中感到一种快意。或许他们的成功不能复制，但是他们的坚韧、执着、宽容——这些成功的要素，我们可以复制。

通过阅读名人的成长故事，重温名人的创业之路，我们会发现，健全的人格、自由的意志、高远的理想、敢于实践的勇气、高瞻远瞩的见地、坚毅勇敢的性格、理性处世的原则、独立思考的习惯、幽默风趣的表达方式……一个人成功的诸多要素都以具体而形象的方式展现在你的面前。

每个人都有自己的生活轨迹，然而成功之路殊途同归，这一路上你的行囊里必须要装入梦想、希望、宽容和坚韧。

请给自己一个梦想吧！梦想是成功的种子，梦想是希望的支点。从这套书中你会发现，每一个了不起的品牌里都承载了品牌创始人那激越的梦想。是梦想，让他们充满激情，斗志昂扬；是梦想，在困境中带给他们希望，让他们有了坚持下去的勇气；是梦想，激励他们不断向前进！

为梦想不懈地努力吧！从这套书中你会明白，任何人的成功都不会一帆风顺，在鲜花和掌声的背后，有太多不为人知的痛苦。那些创业中的失败、徘徊和挫折，对我们来说更具有启迪的价值。真正的勇敢者，并不是无所畏惧，而是在面对挫折的时候，能及时调整自己，正视艰难困苦，不放弃希望。所谓成功，不过是努力的另一个名字罢了。

伟大的戏剧家莎士比亚曾说："一个最困苦、最卑贱、最为命运所屈辱的人，只要还抱有希望，便无所怨惧。"

生命只有一次，让我们在阅读中汲取无穷的力量吧！《和创造世界名牌的人一起放飞梦想》系列丛书会带你走进一个传奇世界，仔细阅读并把你的梦想付诸实践，你也许会成为下一个传奇。

带上我们的梦想启程，为我们璀璨夺目的人生而奋斗！

目录
Content

结 语 178

前 言
Introduction

　　人类与天空之间距离的缩短，意味着人类对这个世界的征服和对自己的超越又前进了一步，为了这一步，人类等了几千年。你和我是幸运的，因为有波音这样的造梦者，带着我们飞上蓝天，让我们与梦想一起飞得更高、更远。

　　大家所熟悉的波音一般都代表着飞机，但是很少会有人知道，载人登陆月球的农神火箭就是由波音公司制造出来的，波音的成就不仅仅局限在地球，他们给梦插上翅膀，甚至一跃到了太空。而如今波音正在研究太空飞行器，为人类的太空梦想继续奋斗着。

　　波音公司，已是一位飞行巨人。它既是世界上最大的民用飞机与军事飞机制造商，又是全球航空航天业的领袖公司。同时，波音也是卫星、导弹防御、人类太空飞行和运载火箭发射领域的全球市场领先者。公司仅在2003年时，营业额就达到了505亿美元。

　　波音公司的斗士们通过他们孜孜不倦的努力在不断地向我

们传递一种精神——创新。

2011年10月31日，波音公司又向全球人类宣布了他们的又一"惊艳"计划：即"太空出租车实验"。"太空出租车"计划是人类创新意识的伟大体现，波音公司用实际行动告诉我们——"只有你想不到的，没有你做不到的"。

波音公司计划在4年内，将这款梦想飞行器送入轨道，从此波音将开启一个成本低廉的载人商业太空飞行新时代，到时候有兴趣与胆量的百万富翁们或许就可以实现去太空旅行的梦想，而这一伟大梦想使人类向太空移民不再是天方夜谭。

如果波音王国的创始人威廉·波音先生得知他的企业能有今天如此成就，应该备感欣慰与自豪。因为他比任何一个人都清楚波音成长的艰辛。

虽说今日的波音王国无限辉煌壮丽，但是这个航天巨人却是从一个一无所有的航天梦想中孕育而出的，每一个巨大的成功背后都有无数的艰辛与奋斗。这个承载着人类拥抱蓝天远大梦想的航空霸主，历经了百年沧桑，汇聚了一代代波音斗士们的智慧与心血，才成长为今日的飞行巨人。

波音王国的成长史，可真称得上是历经沧桑磨难，几经沉浮，才有了今日的辉煌成就。当我们看到如今的波音屹立于世界航空业的霸主地位时，有谁知道在这97年的时间里，波音公司到底拥有怎样的历史？又有谁知道波音甚至有过一架飞机都卖不出去的尴尬？又有谁听说过波音为了自救不卖飞机而卖上了家具？

正如成功的人们常说："你只看得见我今日的辉煌，却埋葬了我那风雨路程中最沧桑的面孔。"

当年的威廉·爱德华·波音先生，还是一位成功的木材商人，在西雅图那个美丽的梦想之地，他通过自己的远见卓识与勤奋开辟了属于自己的一番事业。但是从小就想成为伟大的机械工程师的梦想一直存在于他心中。直到1903年，波音先生观看了莱特兄弟试飞的第一架飞机后，他心中关于蓝天的梦想开始生根发芽，并一发不可收拾。威廉·爱德华·波音立志要为人类造更好的飞机，要成为征服蓝天的先驱者。他毫不犹豫地放弃自己的木材生意开始蓝天寻梦之旅。

斗转星移，从1916年威廉·爱德华·波音创建波音公司至今，已经97年的光阴了。在这近一个世纪的时间里，波音公司从最初只有几个工人的小工厂，发展到如今拥有几十万员工的波音王国；从最初在简陋的船坞里组装飞机，到今日拥有全球最先进最大的世界工厂。

波音公司用百年征程告诉我们一个道理：谁都不是天生的强者，在成功之花面前，人们往往惊艳于它的华美与壮丽，直到你靠近它，读懂它，才能知道它成长的每一步都浸透了奋斗的泪泉，洒满了艰辛的血雨。

今天的波音是威廉·爱德华·波音的骄傲，也是全美国人的骄傲。"波音"两个字不仅仅代表着飞机，更代表恒心与坚韧。在波音王国从无到有的过程中，我们看到的是成功人士怎样攀登上一座座困难的高峰！怎样运用智慧的头脑抓住每一次机遇！怎样坚持创新永不停止对未来的探索！这些成功人士的奥秘都映射在了波音百年征程的历史里。那里面有梦想、有执着、有永不言败，更有不断创新的意识。

在蓝色苍穹中，"波音"在高飞，希望每一个人，都可以像波音一样，给自己的梦想插上翅膀，让自己的人生与波音一样拥有一个标签——优秀。

Boeing

第一章　天高任鸟飞

Boeing

第一节　爱拼才会赢

> 梦想从不抛弃苦心追求的人，只要不停
> 止追求，你必会沐浴在梦想的光辉之中。
>
> ——佚名

有人说："梦想从不抛弃苦心追求的人，只要不停止追求，你必会沐浴在梦想的光辉之中。"威廉·爱德华·波音的奋斗史就是这句话最好的解释。

1881年10月1日，在美国底特律城里一户富裕的人家，一个可爱的男孩儿降生了，父亲威廉·波音一世为这个孩子取名为威廉·爱德华·波音。"爱德华"在英语中是幸福、富有、财产三者的守护神的意思，英国历史上英格兰的国王也有以爱德华命名的，并且是几代君王的名字。威廉·波音一世对儿子充满期待，他希望儿子幸福且富有，并且能有出人头地的一天。尽管这位爸爸在生前没能看到儿子功成名就谱写出一曲人生的华章，但是如果他在天有灵，他一定会感到无比欣慰的，因为他的儿子——威廉·爱德华·波音的辉煌业绩足以在全人类的历史上留下重重的一笔。

威廉·爱德华·波音的双亲都不是地道的美国人。父亲是

一个德国人，有着德国人特有的严谨与理性。母亲是一个越南人，有着东方女性的温婉与和善。虽为异国情缘，但是小波音的家庭是非常幸福的，当然，如果父亲不是那么严厉，这个家庭就会平添几分温馨。

威廉·爱德华·波音日后的成功，离不开早期父亲对他的严格教育。严谨的德国式教育让他一生都受益匪浅。在日后的工作中，威廉·爱德华·波音有一大特点——过于认真，但这种认真却使他获得了最大的回报。

威廉·波音一世是位非常富有的矿山工程师和木材商人，他有着德国人特有的严谨与理性。因此，威廉·波音一世表面看起来非常严肃，他对小波音的关心和爱护表现得并不明显，每天都对小波音施行最为严格的教育。在小波音很小的时候他就被父亲送到瑞士的贵族学校寄读，因为威廉·波音一世把人的独立精神和能力的培养当作教育的头等大事。威廉·爱德华·波音幼年时，常常沮丧地认为父亲对自己缺乏关心，但他对父亲却是极其崇拜。

不幸的是，在小波音8岁那一年，威廉·波音一世外出经商时感染上了致命的流感，撒手西去，永远地离开了他。当时波音一世仅仅41岁，他孤独地死在了返回底特律的火车上，甚至都没有见到心爱的妻子与儿子最后一面。年富力强的威廉·波音一世撒手人寰，对家庭来说无疑是个无比沉重的打击。

噩耗传来，孤独和辛酸笼罩了曾经幸福的家，年少的威廉·爱德华·波音难以接受这个事实，他不知道该如何面对未来。

13岁那年，威廉·波音的母亲改嫁给了当地的一名医生。威廉·爱德华·波音拒绝接受他的继父，甚至从未认真地与继父进行过沟通。家里的气氛整日阴沉沉的。威廉·爱德华·波音的性格开始变得内向，这时他渐渐体会到父亲的良苦用心，体会到了父亲对自己深深的爱。父亲是用一种严父的爱来给自己的一生创造更多的机会，可惜父亲已经永远离开了他。

母亲为了打破儿子与继父的僵局，也为了继承先夫遗志，并没有放弃对儿子的教育。她想到一个办法，决定继续送儿子去瑞士的学校寄宿。她看着自己年幼的儿子，狠下心来说：

"比尔（波音的昵称），你愿意去瑞士继续读书吗？在那里你可以独立生活，而且换个新的环境我相信对你会有帮助。"

"好的，妈妈，我愿意离开这里，去瑞士开始新的生活。"少年波音别无选择，他坚定地说道。

"比尔，我只想让你知道，妈妈是爱你的，而且一直以你为骄傲。"母亲眼里噙着泪花，她心疼这个儿子，却又必须狠下心来，因为她希望儿子能像他父亲希望的那样长成顶天立地的男子汉。

"妈妈，我也爱你，我不会让你失望的。"小波音神情坚毅，仿佛一夜之间长大了许多。

13岁的威廉·爱德华·波音离开了这个由母亲与继父重新组成的家庭，再一次独自去瑞士学习、生活。这是一所瑞士的名校，叫作"赛里格兄弟学校"，在瑞士非常有名气，当时这里出现过一位名人，是位商业巨亨，在当地享有盛誉。

在瑞士，威廉·爱德华·波音一个人面对未知的困难和背井离乡的孤独，可是小波音却并没有让父母失望，他做得非常好。他像他的父亲一样，性格坚韧而且做事一丝不苟，把自己的生活和学习打理得井井有条，并渐渐地开朗起来。

其实很多人都有过与威廉·爱德华·波音类似的经历，但是有的人会因为家庭的变故而变得颓废消沉，有的人因为背井离乡忍受不了孤独而自暴自弃，所以人生灰暗而苍凉。但是不幸的童年经历对小波音来说，却是一种磨炼，他战胜了自己，这段经历使他变得更加坚强。对于一个十几岁的少年而言，小波音实在很了不起。

多年后，小波音已经成长为英姿飒爽的青年，他再次回到了美国。为了考取耶鲁大学，威廉·爱德华·波音转到波士顿的一所学校里读预科，最终通过自己的勤奋与努力如愿以偿地考入耶鲁大学的谢菲尔德理学院。

谢菲尔德理学院是所非常著名的学府，一直以来就是人才辈出的地方。有很多名人从这里走出，其中包括电子管之父李·德·弗雷斯特。这里也是孕育波音机械师梦想的摇篮。小波音之前的经历和他曾受到过的磨难，使波音的大学生活总能游刃有余，他也表现得非常出色。威廉·爱德华·波音大学攻读的是自己最感兴趣的机械专业，那时候他的梦想是成为一名机械工程师。威廉·爱德华·波音一生都对各种机械充满了浓厚的兴趣，而他的蓝天梦想却源于29岁那年在西雅图的一次旅行，那次旅行彻底地改变了波音的命运。

在波音的印象里，他的父亲是个非常有头脑的人，老波音曾经只身来到美国闯荡，通过买进一批木材并且以双倍的价格卖出，很快在美国赚得了第一桶金，而后他又买进了一片森林和一座铁矿山，开始了开采之路并很快拥有了成功与财富。父亲的成功之路对于年轻的波音影响颇深，从小他就是父亲的忠实崇拜者。在波音的心中，父亲是个非常了不起的人。于是他决定追随父亲的脚步，延续父亲留在美国的创业梦想。

威廉·爱德华·波音用一年的时间就读完了大学三年的课程，并且把目光瞄准了当时刚刚开发的西北地区——华盛顿。那时整个华盛顿到处都是施工工地，到处都在搞建筑，需要大量的木材。波音发现了商机，于是还没等大学毕业，波音就开始做起了木材生意。尽管他对当地的木材行业知之甚少，但是波音仍然自信地说："我觉得这是父亲指引我去收获财富的时刻！"

不能不说威廉·爱德华·波音是幸运的，他的父亲威廉·波音一世不仅给了他一个良好的思考和做事的习惯，并且遗传给了他卓越的经商才能，使他拥有敏锐的眼光及卓越的判断力。22岁时，威廉·爱德华·波音就在木材生意中崭露头角，并且赚了不少钱，拥有了一片很大的森林。

威廉·爱德华·波音与父亲一样热爱森林，他把对事业的第一次热爱给了大森林。他并不知道，正是他的这份选择、他的这片森林，日后救了他的公司，还给他一个梦想。

1909年，威廉·爱德华·波音来到了传说中的"绿宝石之城"西雅图，这里四季如春，气候温润，拥有着连绵不断的青山，山上是郁郁葱葱的原始森林，还有纯净碧蓝的大小湖泊，实在是太美了！无论是在美国本土，还是在世界其他地方，都再也找不到像西雅图这样适合居住的人间仙境了。西雅图与威廉·爱德华·波音注定有着不解之缘。

威廉·爱德华·波音渐渐爱上了西雅图，并用做木材生意赚的钱为自己在西雅图郊区买了一套房子住下来。这个留着整齐的胡须，带着金丝眼镜，文质彬彬并且永远穿着得体的高个子年轻人，开始了西雅图快乐的生活。他经常出没在当时的一些大学精英俱乐部中，还加入了商人俱乐部，创造机会与社会名流接触。他买了一部敞篷汽车在西雅图街道兜风，过着愉快的单身汉生活，俨然已成为一名成功人士。此后，西雅图就成为了波音王国的基地，成了举世闻名的航空航天中心。

第二节 梦想是永远的主题词

> 人的活动如果没有理想的鼓舞，就会变得空虚而渺小。
>
> ——车尔尼雪夫斯基

梦开始的地方，不在脚下，在心里。

近几年电视里铺天盖地的都是各种各样选秀节目，都打着"实现梦想"的金字招牌，引得无数寻梦的人蜂拥而至，每一个选秀场地都人山人海，选手的数目都以万为单位来计算。如此火爆的场面一方面说明人们实现梦想的平台还不够多，而另一方面说明"梦想"是我们生活的一个主题词，没有年龄和地域的差别。

对于波音来说，他的航天梦从29岁那年才开始。

1903年12月17日，莱特兄弟研制出了世界上的第一架飞机，在这之前，世界上还没有人成功过。可以说这架"飞行者1号"，是人类历史上第一架运用空气动力学原理设计并以内燃机为动力的真正意义上的飞机。因此它的出现在当时整个美国引起了巨大的轰动。而此时此刻，威廉·爱德华·波音在干什么呢？

在丛林密布的美国西海岸，威廉·爱德华·波音已经成功地淘得了自己一生中的第一桶真金。他成立了格林姆德木材公司，从而很快拥有了属于自己的伐木企业。他还成立了波音与麦克雷蒙公司，这是一家土地控股公司，用来购买土地，或许说是为了获得土地采矿权。不过他并没有采矿，林木采伐后，他就转手卖出了土地，然后赚得巨款。这一切都体现了威廉·爱德华·波音卓越的经商才能。在那时的采伐工地里，工人们经常能看到老板威廉·爱德华·波音，他衣着整齐而体面，始终面带微笑。威廉·爱德华·波音非常有亲和力但又不失庄重地和大家交流着，他儒雅且睿智，从内而外散发着高贵的气质。

梦始终根植于心里，由于威廉·爱德华·波音骨子里对机械的狂热的喜爱，使他渐渐厌倦了天天和木材在一起的生活。威廉·爱德华·波音不由自主被当时如火如荼的航空业牵动了，他决定改变经营方向，向航空领域进军。

如果没有一份对于机械的热爱，威廉·爱德华·波音或许只是个普通的木材商人，终生与原始森林为伍，过着富足却平淡的一生。但人生中没有或许，威廉·爱德华·波音喜欢极具挑战性的机械研究，他要对速度与激情发起冲击。因为天才就是强烈的兴趣和顽强的求知欲望的结合体。兴趣与爱好决定了你未来事业巅峰的高度。只有听从内心最向往的声音，去从事一生挚爱的职业，才能创造出最高的价值。所以威廉·爱德华·波音注定要从森林中抬眼望向天际，他将开辟一条航天之路。

然而在当时，飞行对于普通人来说仍是遥不可及的事情，但是成功的木材商威廉·爱德华·波音却因为有雄厚的资本而能够到蓝天上飞翔。

1910年，当时的洛杉矶非常流行各种各样的国际航空飞机比赛。威廉·爱德华·波音兴奋地来到多明各斯，第一次看到了现实中的飞机。

当来自全美国的飞行员们在天上做着各种飞行表演时，威廉·爱德华·波音再也坐不住了，他急切地跑到场内和飞行员商量着，看能不能带着他去体验一下飞行的感觉。

"请问，你能不能带着我飞一次，让我体验一下在天上的感觉？"威廉·爱德华·波音找到一个飞行员，兴冲冲地提出了自己的要求。

"那可不行！不是随便哪个人都能飞到天上的。"傲慢的飞行员带着不屑的神情轻蔑地说。

也难怪那个飞行员高傲无礼，在人类刚刚开始飞行的时候，能驾驶飞机真是了不起的大事！何况威廉·爱德华·波音的穿着不过是款式陈旧的西服，他的金丝眼镜和过于齐整的发型更显得他与飞行没有任何关系，他就像是一个刚从乡下来的"土财主"。

不过，威廉·爱德华·波音并没有因为被拒绝而放弃飞上蓝天的想法，反而因为没能飞上蓝天而对飞行产生了更强烈的欲望，今天看来那架非常简陋的飞机在威廉·爱德华·波音的心里留下了不可磨灭的痕迹。随着飞机飞入高空的那一刻，威廉·爱德华·波音的心也飞入了蓝天，他暗暗发誓，自己一定要飞上蓝天！

回到西雅图以后，威廉·爱德华·波音开始努力学习关于航天这个新领域的知识。

同年，威廉·爱德华·波音又在纽约长岛亲眼目睹了美国著名飞机设计师兼飞行员寇蒂斯的飞行表演后，大受鼓舞。随着观众们轰鸣的掌声响起，波音的心也沸腾了，他决定一定要自己造一架飞机！

再次回到华盛顿，波音来到了西雅图的大学精英俱乐部，他喜欢和人们谈论飞行，处处表现着他对蓝天飞行梦想的热情。

"你好，我是康拉德·威斯福特，"一个有着军人气质的英俊年轻人听到威廉·爱德华·波音对飞机的谈论后走近了他的座位，向他握手问好。

"你好，我是威廉·波音，非常高兴能够认识你。"威廉·爱德华·波音很喜欢眼前这个突然出现的年轻人。

"你坐过飞机吗？"康拉德问道。

"还没有呢，但是我一定要去尝试下飞行的感觉！"威廉·爱德华·波音自信地回答。

"天啊，我也是非常喜欢飞行，我在麻省理工学院还设计过类似飞机的东西，我对飞机非常感兴趣。"康拉德显得有些兴奋。

"哦，太棒了！嘿，康拉德，我真的很想去天空中飞上一飞，那将是多么美妙的事情！或许我们可以找机会一起搭伴去试飞！"威廉·爱德华·波音兴奋起来，他觉得遇到了志同道合的朋友。

就这样，威廉·爱德华·波音在这里结识了对他日后的事业创立至关重要的一个人——康拉德·威斯福特。康拉德·威斯福特是一位受过高等教育的海军军官，他的家庭背景与波音非常相似。

威廉·爱德华·波音与康拉德·威斯福特一见如故，两个人都感觉相见恨晚。他们一样的年轻富有，一样被航空深深吸引。而正是有了这位知音的加入，"波音王子"的寻梦之旅才向前迈进了一步。很快，波音与康拉德就去尝试了在天空翱翔的滋味，后来他们又一起制造了波音王国的第一架飞机。

第三节　因为热爱，所以无惧

人生的真正欢乐是致力于一个自己认为伟大的目标。

——萧伯纳

1915年7月4日，美国国庆日，也是威廉·爱德华·波音和

康拉德·威斯福特永远都无法忘记的一天，那一天，他们终于体验到了飞翔的感觉！

第一次飞行并不是一件特别享受的事。在几千米的高空，威廉·爱德华·波音和康拉德·威斯福特紧紧抓住机翼的前缘，耳边噪音轰鸣，两人的头发被呼啸而过的大风吹得根根倒竖。更可怕的是，简陋的飞机在云层中不断摇晃，好像随时都会栽到地面粉身碎骨。波音觉得自己的五官都变了形，在这变形中他同样感受到了一种前所未有的震撼，因为这个世界完全变了。山川小得如同玩具，河流就像一条条蚯蚓，高楼大厦现在已经变得微不足道，仿佛他就是最伟大的上帝，他俯视苍茫大地，有了一种巨大成就感。

回到地面，兴奋之余，威廉·爱德华·波音和康拉德·威斯福特才知道当时的飞机是多么简陋。威廉·爱德华·波音以机械行家的眼光仔细看着那架还相当简单、原始的飞机，虽说被称作飞机，它甚至连最基本的驾驶舱都没有，驾驶员和乘客都是直接坐在机翼上，安全系数简直低得不能再低了。

"这是多么危险啊！我一定要造一架更好的飞机！"威廉·爱德华·波音和康拉德·威斯福特暗暗下定决心。

因为两个年轻人的梦想、热爱，他们忘却了害怕！事实证明，勇敢正是源于波音对于梦想的这份执着，对于飞行的这份痴迷，才使得他日后克服掉了航天寻梦途中的无数困难。

威廉·爱德华·波音永远都忘不了在高空时的那种御风而

行的感觉，他下定决心把自己的未来交给飞行事业，他要造出更好的飞机！让更多的人实现飞上高空的梦想！

威廉·爱德华·波音把这个想法告诉了自己的同伴康拉德·威斯福特，威斯福特拍着波音的肩膀，非常赞同地回答：

"我相信我们一定可以造出更好、更安全的飞机来！"

于是，他们开始践行他们的蓝天梦想。

起初，威廉·爱德华·波音连最基本的飞机驾驶技术都不懂。他跑到马丁飞行学校，拜马丁为师，学习飞行技术。学成之后波音用自己做木材生意赚来的钱买了一架马丁飞机，这架飞机成了他和康拉德制造飞机的基础。不久，康拉德又给波音找来了一位叫克伯·孟克的年轻飞行员。这位飞行员不仅仅有着高超的飞行技巧，更是一名出色的机械师，对波音来说，这无疑是如虎添翼。

波音王国的起点是在杜瓦密西河畔的一个船坞。威廉·爱德华·波音和康拉德·威斯福特与飞行员克伯·孟克，指导着他们雇用的20几个工人，用各种工具敲敲打打，波音的第一架飞机就是这样诞生了。波音叫人把飞机的外面漆成蓝色，并根据自己的昵称，起名为"蓝色比尔"。但是外界很少有人知道这个名字，外界都管这架飞机叫"B&W"，是分别取自波音和威斯福特名字的第一个字母组成，以此纪念他们两个人共同制造了这架飞机。

"蓝色比尔"重2800磅，翼展52英尺，机身长31.2英尺，时速67英里。可以承载2个人，其实它就相当于马丁水上飞机

的复制品，和今日承载着百千人的巨型喷气飞机相比，"蓝色比尔"真的就好似摆在家中观赏的玩具模型。不过在当时，波音及他的伙伴们是非常满意"蓝色比尔"的。在他们眼里，这架飞机是他们实现梦想过程中的第一件作品，在他们眼中，"B&W"是那么的高大与威武！

由此可见，世界上没有什么事情是做不成的，只要你相信自己，并且在坚定信念的驱使下，一定可以实现伟大的愿望。

1916年，威廉·波音制作的第一架飞机"蓝色比尔"即将进行试飞，当时大家都在想，它真的能飞起来吗？要知道这架飞机只是几个年轻人自己建造的，技术还相当不成熟。而且在当时那个时代，有经验的试飞员出事故都是习以为常的事情，试飞员这个职业就是拿生命在和蓝天赌博，有多少年轻的生命都葬送在了蓝天之中，更何况这架没有专业人士指导制造的"蓝色比尔"呢？

试飞当天，飞行员姗姗来迟，威廉·爱德华·波音勇敢地决定亲自试飞。

"比尔，你真的决定自己试飞吗？"康拉德·威斯福特担忧地问道。

"是的，你祝福我吧，我相信我们的飞机！"威廉·爱德华·波音非常勇敢地上了飞机，这时候的他早就将生死置之度外，他的脑海里只有一个声音：我要驾着自己造的飞机飞上蓝天了！

随着飞机引擎发出的巨大轰鸣声，大家的心都跟随着提到了嗓子眼儿。"蓝色比尔"开始起飞了，它载着波音王子飞速地升上了高空。

"太棒了，我们的飞机飞起来了！"威廉·爱德华·波音在空中兴奋地大喊着。此刻，他的心已经被成功的喜悦填满，他的蓝天梦想终于实现了！

"蓝色比尔"虽然飞上了高空，但是它却一点也不稳定，就像一个蹒跚学步的孩子一样，总是跟跟跄跄，引发人们不断地惊呼。飞机一会儿"呼"的一下子飞向左边，一会又"呼"的一下子飞向右边，而且摇摇晃晃。威廉·爱德华·波音的驾驶技术根本谈不上专业，只是会开飞机而已。康拉德·威斯福特和同伴们在地面上个个吓出一身冷汗，但他们除了不断地在心中祈祷上帝保佑，其他的什么都做不了。

飞机返航时，更惊险的一幕出现了。"蓝色比尔"更是突然向下俯冲，像一只折断了羽翼的鸟儿，无助地向下坠落。这可不是今天的飞行特技表演，那是飞机的技术还不成熟带来的危险，它的后果将导致驾驶员命悬一线。

"比尔，你一定要坚持住，掌握好方向，稳住，稳住！"康拉德·威斯福特急得满头是汗，大声地喊着。

而威廉·爱德华·波音表现得相当沉着。他冷静地调整飞机的方向，稳稳地拉住了控制杆，飞机终于拉高了，然后波音平稳地使飞机缓缓地降落了！

"太棒了，比尔，真高兴你没有事情！我们制作的飞机成功了！"康拉德·威斯福特激动得热泪盈眶，跑过去紧紧地拥

抱住了从飞机上走下来的波音。

"谢谢你，好伙计，我说过这是我们设计的飞机，不会有问题的，但是我们应该再造一架更棒的飞机！"威廉·爱德华·波音在大家的欢呼声中结束了波音王国第一架飞机的历史性飞行。而这次成功的试飞，也象征着波音王国的即将崛起，至此波音王国的蓝天之梦正式启航。

第二天一大早，各家媒体都争先报道了威廉·爱德华·波音驾驶"蓝色比尔"试飞的消息，整个美国为之轰动。

"蓝色比尔"的诞生让我们知道，如果你对你的事业充满热爱，对你的目标无比执着，那么没有什么是不能实现的，没有什么是不能被征服的，哪怕是天空、哪怕是死亡！

第四节　炸出来的机遇

机会不会上门来找；只有人去找机会。

——狄更斯

威廉·波音试飞他的第一架飞机时，正值第一次世界大战打得最激烈的时候。在那之前，人类对于飞机的用途还仅限于表演和竞赛上。而战争的打响，使飞机首次被应用在了战场上。因为战争，制空权开始备受关注，军方飞机的多少对战争的胜利有很大帮助，于是战场上空的飞机越来越多。敏锐的波音很快就发现了这其中蕴藏的商机。波音发现了战争对飞机的需求，他对自己的航空事业更加充满信心，波音觉得该是到自己大展宏图的时候了！

可是当时的美国似乎并没有意识到飞机对于战争的重要性。在战争背景下，飞机突然变成了抢手货，各个国家都在抓紧时间提高本国的航空工业技术，不断生产飞机。但是美国在这个环节上却漫不经心，欧洲战场已经证实了航空工业的重要性，他们对于飞机的需求量在不断增长。

1914年，第一次世界大战开始的时候，美军只有55架飞机！这可急坏了威廉·爱德华·波音，一方面，从战争角度出发，他觉得空战时代到来了，一个国家的制空权决定了它自我保护能力的强与弱。另一方面，从商业角度出发，如果美国军方没有需求，他们建造的"蓝色比尔"就不可能大量卖出，那么波音的空中帝国就无法建立。

"天啊，我们美国居然只有55架飞机！要知道比利时的军用飞机都比美军多！这可是难得的机遇，看来我必须要做些什么了！"威廉·爱德华·波音心里想。

为了提醒军方，威廉·爱德华·波音做出了惊人之举。他驾驶飞机从城市上空飞过，投下了硬纸板做的假炸弹，只为传递一个信息——大家赶快醒醒吧，我们需要航空工业！

当时，正好有个假炸弹投到了正在举行的"加州—华盛顿州橄榄球赛"的观众席上，那里正进行着热火朝天的比赛。

威廉·爱德华·波音用纸箱做成的模拟"炸弹"从天而降，所有的人们都惊呆了、吓坏了。当人们四处逃窜时才发现，这个爆炸物炸开后仅仅是一堆纸片。这些爆炸物的威力并不可怕，但是引起政府注意的是这些爆炸物上的文字。在爆炸后的"炸弹"里有许多纸片，每个纸片上都醒目地写着几句话："只有准备好才能保护自己，这个小纸片到了敌人手上，就会变成一枚真正的炸弹丢给你。飞机是对你们最好的保护！"而正是这个"纸炸弹"的爆炸引起了政府的注意。美国政府明白了他们需要飞机，而且是大量的飞机！

威廉·爱德华·波音决定再制造一架比"蓝色比尔"更棒的飞机，他要把飞机带给军方。他知道，这是一个重大机遇，他要毫不犹豫地抓住它。

所有的机遇，都是留给早有准备的人的。

可是这时坏消息传来了。因为战争的来临，康拉德·威斯福特接到了海军的调令。军令如山，康拉德必须离开了，对于波音来说，康拉德就像是他的飞机一侧翅膀一样重要，好友的离去无异于使波音失去了最合拍的飞机设计师，更失去了一个最好的奋斗伙伴。

"比尔，你一定不能放弃，一定要坚持下去，我相信你一定能在航空业上做出一番大事业来。你一定会成功的。"康拉德·威斯福特目光坚定地望着波音，继续说道："还有，我要告诉你一个秘密，美国政府正打算订购50架飞机，他们需要用这50架飞机培训飞行员，为即将打响的战争做准备，你一定要拿下这笔订单！我会尽最大努力向海军当局推荐'蓝色比尔'的。"

"谢谢，我的好伙计，我一定不会让我们的航空梦想落空，我一定会实现咱俩的愿望！绝不会让你在B&W上的心血白费！"波音依依不舍地拥抱并告别了康拉德。

威廉·爱德华·波音并没有因为好友的离开而停止他的蓝天计划，相反，他要造出更好的飞机，来兑现他对好友的承诺。

康拉德·威斯福特走后，威廉·爱德华·波音的首要任务是寻找一位优秀的飞机设计师，这样才能造出更好的飞机。

波音公司四处张贴寻找技术人员的启事，他开出了当时的"天价"佣金——每个月80美元的薪水。皇天不负有心人，中国航天工程师王助来到了波音面前。

王助，河北南宫县城人，出生于1893年8月10日。12岁的时候，王助赶上了清廷建立海军，他便考入了烟台海军水师学校。王助天资聪颖，勤勉好学，16岁时，他以优异成绩被派往英国学习，先后在阿姆斯特朗海军大学和德兰姆大学学习机械工程。1915年毕业后，他转赴美国麻省理工学院深造，学习航空工程，并获得硕士学位。王助是位真正的航空工程专家，而不是普通的机械工程师。

王助的到来，对于波音来说真可谓是"天降贵人"，也给波音航空梦想注入了一股新鲜精纯的血液。

自从有了王助这名中国设计师，波音开始大量地招募工人。他很快便雇用到了16名技术精湛的临时工，每人工资按技术水平，大约每小时14美分到40美分不等。他还花钱买了一辆破旧的大卡车用来运输生产飞机的材料。然后他又在西雅图市的多斯米西河岸买下了一处废弃的船坞，把它改造成了生产飞机零件的工厂，而飞机的机身，就在联合湖畔那一处破旧的厂棚里组装。

1917年7月15日，威廉·爱德华·波音终于在西雅图市正式建立了属于他自己的飞机王国。公司取名为"美国太平洋飞机制造公司"。威廉·爱德华·波音出任董事长，波音的表弟爱德华·N·戈特任副董事长，詹姆斯·C·菲力任公司秘书，中国人王助任第一总工程师。

这是一群拥有蓝天梦想的年轻人建立起的飞机王国，这个时候的波音王国就如一句老话一样："麻雀虽小，五脏俱全。"

从此刻起，一群为了共同梦想走到一起的年轻人携起手来开始了他们的奋斗之路！

第五节　坚持才是硬道理

> 伟大的作品不是靠力量，而是靠坚持来完成的。
>
> ——约翰逊

自从康拉德·威斯福特走后，威廉·爱德华·波音虽说成立了自己的公司，可是整个公司却只有"蓝色比尔"一种飞机，更糟糕的是"蓝色比尔"的整体性能并不卓越，可以说它仅仅是马丁飞机的仿制品。那时候飞机的购买者主要是美国军方，他们发现"蓝色比尔"起飞与降落的成功率很低，根本达不到军方的要求，因此很长一段时间波音的公司都没有接到过订单。

尽管康拉德·威斯福特曾努力向海军方面推荐了波音和他一起制作的"蓝色比尔"，但是海军方面不为所动。他们觉得"蓝色比尔"不能应用于战争中，并不是他们的最佳选择。

"我的老伙计，你必须、马上、立刻研制出比蓝色比尔更棒的飞机来，这样才有可能取得军方的订单。军方需要的是更适合战争的飞机！"康拉德得到这个消息后立即给波音打电话。

和创造世界名牌的人

一起放飞梦想

"谢谢你康拉德，我会尽自己最大的努力！"波音下了最大的决心。这是一笔数额巨大的采购合同，他必须拿到，如果再没有订单的话，公司的资金运转就会出现问题，甚至会倒闭！

威廉·爱德华·波音把所有的希望都寄托在这笔订单上，他必须快速地研制出新型飞机来。

"伙计，公司的命运都在你手里，你要设计一种新型的水上飞机，赢得军方的认可，你有信心吗？"威廉·爱德华·波音找到了他的总设计师王助，问他能否担当重任。

"波音先生，我一定完成任务，我的职责就是设计更棒的飞机，让公司转危为安！"王助当时年轻气盛，而且同样执着于自己的蓝天梦想，波音的信任使他热血沸腾，他目光坚定且大声地回答道。

威廉·爱德华·波音并没有看错人，可以说这位从天而降的中国工程师真的很出色，他对飞机制造有着最卓越的见解，而且肯于吃苦。

王助通过对"蓝色比尔"飞机缺点的仔细研究，很快就发现了新型飞机最重要的是提高飞机起降的成功率。王助把自己关在设计室中，拼命地工作起来，甚至连吃饭都顾不上。他在实验室里面一待就是十多个日夜，晚上实在累得不行时就趴在桌子上睡一会儿，第二天天还没亮就又起来工作。他要捕捉到设计的灵感，并且还要一个个地去解决飞机制造中出现的问题。经历了十多个日夜的煎熬，王助终于设计出了一架有着双浮筒双翼的C型水上飞机，这架新型飞机的起降成功率非常之高！

当王助完成任务，走出设计室时，他整个人都瘦了一大圈。年轻的王助脸部浮肿，满脸胡须，头发像杂草一样，两个大大的黑眼圈使他看起来很疲惫。而正是这位工作起来不要命的中国设计师，带给了波音公司无限的活力，他甚至被誉为"波音飞机之父"。他日后如同恒星般，在美国的航空史上发光、发亮，更为全世界的飞机工业开拓了商业与军事领域的发展空间，他引领着波音向更高、更远的地方航行。

王助设计的C型水上飞机，得到了威廉·爱德华·波音的认可，他认为这款飞机完全可以达到军方的要求，这架飞机的起降率较之前的"蓝色比尔"飞机要高出许多。于是波音公司立即投入生产，第一批就制造了五架C型水上飞机。

此时，对于威廉·爱德华·波音来说，可谓是万事俱备，只欠东风了。为了订单的签订，波音公司做足了准备工作，他需要最好的试飞员，把C型飞机的优越性能表现出来。

波音找来了当时公司里最出色的试飞员，郑重地说道："你是我们公司里最出色的飞行员，我有两架C型机要试飞，我希望你来驾驶。"

飞行员是个年轻的小伙子，有着饱满的额头和浓密的卷发，他立刻感觉到这是老板派给自己的大任务，他严肃地回答道："没问题先生，我一定能做到！"波音接着严肃地说："你要向我保证，你只许成功不许失败。"

"波音先生，这款机型我很熟悉，我有把握！"飞行员想了想，坚定地回答。

"很好，这就是我挑选你的原因。这次你要和全国最好的试飞员竞争，而且你要注意，那边的风力和天气都和这边有很大的差异。这事关一份政府采购合同，那可是50架飞机。能否成功拿下合同，可都看你的表演了。"波音笑着拍着小伙子的肩膀说道。

"什么？50架飞机！"试飞员惊呆了，他知道自己这次的任务很重大，却没想到这么重要。

"如果我们能够得到这份合同，公司的前景将一片光明。这件事情的重要性非比寻常，而你则关系到公司的未来，我相信你，年轻人！"波音认真地看着试飞员说。

"我一定成功地把波音飞机的优越性能演示出来！先生，谢谢您相信我。"试飞员感觉到他被重视与信任，立即下定决心不辜负波音对自己的期望。

"那么让我们为公司的未来，为最终的胜利干杯。"波音笑着递给年轻的试飞员一杯红酒，他们共同举杯。

在试飞的当天，太平洋飞机制作公司的所有工人都在简陋的工棚里焦急地等待着试飞结果。

海军方面到底能否接受C型飞机？

"先生们，我已经得到了消息，他们说C型机性能卓越，认为它既能当巡逻机又能训练新学员，一举两得，军方向我们订购了50架飞机！"这时候威廉·爱德华·波音先生面露微笑，满脸自信地走进了工棚里，他大声地宣布道。

"太好啦，我们赢了，我们赢得军方的采购订单了！"顿时，工人们欢呼起来，波音公司一片喜气洋洋。

波音公司获得了这份50架飞机的军方合同，这也是威廉·爱德华·波音得到的第一份生产合同。这份订单为波音公司带来了57万美元的收入，是威廉·爱德华·波音航空事业上最需要的一桶金。假如没有这份订单，波音公司很可能早已销声匿迹。

而这一切也正说明了所有成功都是源于自身的奋斗与努力。就像鲁迅先生说的一句话："希望是本无所谓有，无所谓无的。这正如地上的路，其实地上本没有路，走的人多了，也便成了路。"威廉·爱德华·波音正是凭借着一股不服输的志气和不放弃的精神，与志同道合的朋友一起把握了机遇，一点点铺就了波音王国通往蓝天的大道。

威廉·爱德华·波音把这次军方的订单当作波音公司发展的开始。有了这笔资金，波音公司开始扩大规模，短短的时间内，波音工厂里的工人就由10几个人变成了100多人，公司还新建造了更大更规范的厂房，并命名为"1号厂"。波音公司的规模仿佛一夜间就扩大了许多，那段时间威廉·爱德华·波音非常忙碌。他忙着抓紧时间生产这50架飞机，并频繁地与军方人士与航空业人士进行社交，他参加了当时无数的商业活动，因为他要获得更多的订单！他要争取更多的机遇！他要使公司的规模更大，使波音王国更加宏伟！威廉·爱德华·波音并没有因为眼前的这50架飞机订单而满足，而是从未停止过努力，他相信成功源于每个人的努力，并且是无休止的努力。而事实也证明，好运都是眷顾那些有准备的人，在一战期间，波音又拿到了制造50架寇尔提斯HS-2L型飞机的订单。寇尔提斯HS-2L型飞机有三人座，是大型的水上巡航机，生产难度比C型机要高。

波音公司财源滚滚，充满了无限生机。没过多久，威廉·爱德华·波音就把公司的名字改成了"波音航空公司"，而"波音"这个名字，也响彻了美国。威廉·爱德华·波音可以告慰父亲的在天之灵了。

第六节　留得青山在，不怕没柴烧

> 尽管责任有时使人厌烦，但不履行责任，只能是懦夫，不折不扣的废物。
>
> ——刘易斯

人生的理想可以只有一个，并且可以为之坚持不懈地努力，直到实现为止。但是事业的发展必须尽量拓宽道路，把命运都系在一棵树上当然不如培育整片森林来得更稳妥。如果你失去了唯一的树，只要你不放弃，或许你还有机会得到整片森林。在困境中，默默守住你的理想之峰，总会有奇迹出现，那一片翠绿葱茏还会重现。

威廉·爱德华·波音最担心的事情还是发生了。

1918年11月，第一次世界大战结束，整个美国都被欢声充斥着。但是依赖军方订单的波音公司却愁云惨淡，因为在和平时期，军用飞机的需求锐减，波音公司不仅收不到新订单，就连已有的老订单都未必能保住了。在战争以前，飞机行业方兴未艾，人们还没有把飞机与民事用途联系起来，所以特殊时期一结束，有着特殊用途的飞机制造业就陷入到了低谷。

果然，军方毫不犹豫地取消了尚未造好的25架寇尔提斯HS-2L型飞机的订单，波音公司的资金链一下就断了，这让威廉·爱德华·波音的情绪无比低落。

雪上加霜的事情接踵而至，波音公司最优秀的设计师王助辞去公司的一切职务回到了自己的祖国。就像当初康拉德·威斯福特被战争带走一样，这次王助的离开让威廉·爱德华·波音又一次体验了失去左膀右臂的痛苦，但是他仍旧无能为力，因为他没有任何理由把王助留下来。

作为一名优秀的工程师，王助在美国却遭到了严重的种族歧视。尽管C型水上飞机是王助设计并制造的，但是在和军方进行飞机测试时，美国军方却不允许王助这个中国人进入测试场地，他们担心他"偷学"到美国最先进的航空技术。这简直可笑至极！美国当时最高的航空技术都是出自王助之手，又何来偷学呢？这当然是出于对中国人的歧视。久居美国，王助已

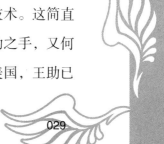

经体验到了背井离乡的孤独，而一腔热血只为实现理想却被异国他乡的人无端歧视，这当然让王助无法接受。王助意识到，作为一个中国人，只有回到祖国并为祖国效力才是最有价值与最有意义的事情。于是，在1917年12月，王助毫不犹豫地返回了中国，要为祖国的航空事业贡献自己的力量。

一个人报效自己的祖国这是最神圣的使命，也是义不容辞的责任，所以无论威廉·爱德华·波音如何希望王助留下来继续帮助他，都不能阻拦一个赤子归国的脚步。

这时候，威廉·爱德华·波音感到了从未有过的迷茫。创业初期的兴奋与小有所成的沾沾自喜已经被现有的窘迫所替代，他问自己：要放弃吗？

不！从小时候开始，波音就从未对自己说过放弃，这次也一样。波音公司不能就这样破产！可是出路又在哪里？

"先生，我们的公司会不会破产？"一名工人代表找到老板。

"我会一直坚持下去！"老板威廉·爱德华·波音肯定地回答。

波音不想裁员，这些员工都是与波音一起奋斗、一路走过来的患难兄弟，他们是波音的一分子。更重要的是，他知道将来的某一天公司还会继续，他不会就这样失败的。他要把人才留住，如果放走了这些难得的人才，就很难再招到像他们一样技术娴熟的工人了。

这时候公司已经有了近200名员工，他们都在等待着工资养家糊口。但是眼前的情况是公司的资金只能支付30人的薪水。怎么办呢？为了留住公司的人才，波音先自掏腰包支付了工人们一半的薪水，然后他又借债了3万元支付了另一半的薪水。可是这些只能解了波音公司的燃眉之急。这些钱对于波音来说简直就是杯水车薪。

走投无路，威廉·爱德华·波音想到了把他心爱的"蓝色比尔"卖掉。当他在员工大会上宣布这个消息时，很多员工都流下了感激的泪水。他们的老板为了不裁掉他们，居然卖掉了波音最有意义的飞机。在那个寒冷的冬季，波音的工人们各个心中都燃起了熊熊大火，他们在心中暗暗地发誓："我们一定要坚持下去！一定可以渡过难关！"

1919年12月12日，工人们含着泪水眼看着两架"蓝色比尔"被新西兰航空公司以低价买走。从此，这架代表着波音蓝天梦想启航的标志性飞机，彻底地消失在波音人的世界里。

更可惜的是，"蓝色比尔"5年后竟被新西兰的炮兵当成了靶子，因为操作失误，在演练中被炸成了一片灰烬。后来为了纪念波音公司的第一架飞机，波音公司仿制了一架和蓝色比尔一样的飞机，并把它摆放在西雅图飞行馆的最中央，来供后人观赏与凭吊。"蓝色比尔"是不能被忘却的。

可是，即便是卖掉了"蓝色比尔"，波音得到的也不过是一点点有限的资金，这些钱对于困境中的波音公司来说，并不能解决问题。

波音再一次地陷入了深思，如果人们不再需要飞机，那我又该做些什么呢?

"留得青山在,不怕没柴烧。"就在公司濒临破产之时,波音想到了一句中国古话,是中国工程师王助临走时告诉他的。一道灵光瞬间击中了波音,对啊,我还有森林,大片的森林!感谢上帝,难道这是父亲在冥冥之中帮助我吗?波音决定重新做起木材生意。因为和平年代的到来,大量的工程建筑又开始进行,波音敏锐地洞察到了生存的机会,他决定用自己森林里采伐出来的木材生产各种家具。

工人们又开始热火朝天地忙碌起来。在他的"1号飞机仓库"里,堆满了各种家具,桌子、椅子、床头柜、梳妆台等,真是应有尽有。

就这样,一方面波音靠卖家具赚取维持公司运转的资金,另一方面波音并没有忘记他的公司是飞机制造公司,他在图谋东山再起,因为他的目标并不仅仅是赚钱与生存。对蓝天梦想的执着使威廉·爱德华·波音学会了忍耐与等待。他没有放弃对新型飞机的研究,新飞机的图纸也在酝酿中。

波音雇用了两位从华盛顿来的刚毕业的年轻人,来代替离开的王助。一位叫克莱尔·艾格维特,另一位叫菲尔·强森。波音那时候并不知道,这两位年轻人在波音王国未来的30年奋斗历程中,起到了擎天柱的作用。

截止到1920年,波音公司的损失近30万元,但这并没有打垮波音坚持下去的信念,它就像一只在高空中翱翔的雄鹰,有着坚毅的目光,不惧怕未知的一切,在逆境中生存了下来。在那个年代，许多航空公司破产，一夜之间消失，而波音公司凭借着一股不服输的精神，在逆境中超越了自己。

哲学家常说："当经历了寒风刺骨的冬天，温暖和煦的春天还会遥远吗？"

终于，波音公司在困境中见到了一丝曙光。由新的设计奇才克莱尔·艾格维特领导的设计小组，经过夜以继日的努力工作，研制出了一系列的新型飞机：M-15型战斗机、PM-9型飞机、PB-1型海军巡逻轰炸机，还有一架小型的休闲陆上飞机。

这些新型的飞机给波音公司带来了新的希望。或许是上帝眷顾威廉·爱德华·波音这样的有志之人，波音公司研制出新型飞机的消息传到了当时的米歇尔将军的耳朵里。米歇尔将军是一位优秀的军人，他在第一次世界大战中深刻地感受到了空军的重要性。他对美国政府战后忽略加强空军力量的做法进行了强烈的指责。他认为一个国家的国防力量很大一部分取决于空军，而这一观点最终得到了美军方面的认同。米歇尔将军要建立陆军的独立空中飞行队，而且他的队伍还需要大量的重型轰炸机，用来作为空军队伍的主要战略性武器。

"波音先生，听闻贵公司不仅渡过了难关，还独自生产了一系列新型飞机，它们非常棒，而且性能卓越。"米歇尔将军独自一个人来到波音公司，他与威廉·爱德华·波音进行了一场重要的谈话。

"是的，勇往直前与制造更好的飞机一直是我们的追求。"虽然威廉·爱德华·波音并不知道米歇尔将军此行是什么目的,但他仍认真地说道。

"太好了,我就是看中这一点,我的陆军准备购买一批军用战斗机,我希望你去参加军方的竞标,拿下这笔订单。我期待着与波音的合作。"米歇尔将军开门见山地说道。

"谢谢您米歇尔将军!我一定全力以赴夺得订单!"威廉·爱德华·波音听后简直喜出望外,这真是天降好运!

这无疑是当时寒冷的冬日里最滚烫的话语,给威廉·爱德华·波音带来了春日般的温暖。

招标会终于在波音的盼望中来临了。那天,来了很多家航空公司,所有人的目的都是争夺GA-1型飞机的合约。

会议开始前,波音感到大家都用嘲笑的眼光看着他。

"嘿,这不是卖家具的波音先生吗?您是否走错了地方,我们这里今天不买家具。"一位航空公司的老板阴阳怪气地嘲讽着。

"是啊,波音先生,贵公司生产的家具真是好用啊,我家新换的木床居然写着'波音制造',天啊,要知道我早晨起床看到以为自己睡在飞机上呢。"另一位竞争对手更是过分地打趣到。

可是威廉·爱德华·波音并没有因为嘲笑而生气,他一直很有风度地面带笑容并保持着沉默,他相信能笑到最后的人才是最大的赢家。

会议很快结束,其他公司的竞争对手都笑不出来了,因为波音公司赢得了这次竞标的订单。波音获得了GA-1的合约，他果真是笑到最后的赢家。

从那以后，波音公司的飞机订单接连而来，波音公司再也不用继续生产家具了。一时间仓库里大量的家具都以最低的价格卖给了波音公司的员工们。而后波音又为公司的每一位员工购买了一份500美元的人寿保险。

威廉·爱德华·波音的意思就是让波音的每个人知道，波音人有难同当，有福更要同享！

威廉·爱德华·波音到底是怎样打败对手的呢？这里不得不说，是森林救了波音公司。真是冥冥中自有定数，威廉·爱德华·波音早期的成功和对森林的热爱使他得到了最大价值的回报。

有人会奇怪地说，森林和飞机到底有什么关系呢？原因就在于，当时的飞机并不都是金属材料，人们建造飞机的主要原料还是木材，而波音公司最不缺少的就是木材，他们拥有着大片大片的森林！所以这片森林简直就是波音公司的源头活水，有了它，波音制作飞机的成本可以降到最低，所以在竞标会上，波音以最低的价格连连中标，这就是波音击败对手的奥秘。

威廉·爱德华·波音要感谢他父亲，是父亲引导他走向了森林，从森林中获得取之不尽的财富，他更要感谢波音的全体员工，是大家的共同努力使波音公司又迎来了一个崭新的春天。

  青山依旧，只是无限风光在险峰。威廉·爱德华·波音与他的公司遭遇到了破产的危机，但是他没有迷茫，没有放弃，而是勇敢地向前，哪怕是以退为进，哪怕面临别人的嘲讽，可他依然不改初衷，终于登高临顶，欣赏到了美丽的风景。

Boeing

第二章　把奇迹留给世界

Boeing

第一节　为了心灵的自由

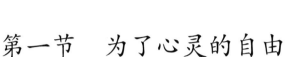

自由的目的是为他人创造自由。

——马拉默德

1933年的波音公司，处在事业发展的巅峰时期。这时它的全称是：联合航空及运输企业公司。威廉·爱德华·波音踌躇满志，觉得没有什么可以动摇他的波音王国了，因为就连当时美国的世界金融危机都没有影响到波音公司的运营。那是一场举世罕见的经济大萧条，美国有成千上万的人们失去了工作，但是波音却站在他的王国里，静静地作为一个旁观者望着外面行色匆匆的人们。

"我的波音王国是最坚固的，这一年里大多数公司倒闭了，可是我们却盈利830万美元。"威廉·爱德华·波音的脸上洋溢着自信的笑容。

这时候的威廉·爱德华·波音已经50岁了，他曾经对媒体说过他到50岁时就退休，带着心爱的妻子去过安逸的生活。但是波音公司的蓬勃发展一再推迟了波音的退休时间，他想：

"我要再奋斗几年，公司还需要我！我要把波音王国带往更辉煌的时代！"

世界上很多事情就是这样无法预料，当威廉·爱德华·波音决定要再"大干一场"的时候，"黑色星期五"骤然来临。

1933年，极具乐观主义精神的富兰克林·罗斯福成功竞选为美国第32届总统。罗斯福上任后就进行了一番大刀阔斧的改革，推行一系列社会经济方面的改革和改良措施，史称"罗斯福新政"。但是这次波音及他的公司却再没有了往日的"好运""新政"的内容一拳便击破了波音大展宏图的美梦。

罗斯福新政其中一条内容是这样的："取消所有的邮航合约，邮航的线路一律收回由美国陆军管理。"新政中还有很多条例，都是对联合航空及运输企业公司致命的打击。比如，法案中规定：飞机及飞机发动机的制造商不能与航空公司有任何联系，这等于直接宣判了联合航空及运输企业公司的死刑。

听到这个消息后，联合航空及运输企业公司的董事长菲文·强森非常愤怒。他吼道："这简直就是政府不给我们公司留有活路，我没办法再干下去了！"

菲文·强森就这样一气之下离开了波音公司，他甚至离开了美国。后来，他在加拿大被赏识和重用，他帮助加拿大政府创建了加拿大航空公司。

波音王国被这场巨大的黑色旋风困在了里面，威廉·爱德华·波音感到天旋地转，这一次的打击远比当年没有任何订单时来得更猛烈，因为波音王国今非昔比，规模更大，责任也更大了。

威廉·爱德华·波音看不清外面的世界，想不通政府为何这般？他一生挚爱飞行，对蓝天充满梦想，但是他对与政府打交道却并不擅长。他讨厌政治游戏，可是他却永远躲不开政治的干扰。

"唯一比做政府生意还要坏的事，就是没有与政府做生意。"后来波音公司的领导者比尔·阿伦曾这样无可奈何地感慨。

1934年2月，威廉·爱德华·波音接到了美国调查委员会的传讯，他被指证通过非法手段取得美国航空邮运的航线。

"波音先生，1916年你在西雅图建立的波音公司，从此以后你进行了一系列的违法经营，你认为这一切是否属实？"指证会上法官漫不经心地问道。

"什么？我从未做过任何违法的行为，这些指控简直荒谬至极！我以我死去的父亲向你发誓，我是一名诚信合法的商人！"波音愤怒地大声反驳着。

但是政府这些人并不关心证据，不在乎事实，他们只想得到对他们有利的东西，他们的目的是取得邮航的经营权。

这真是一场令人失望的听证会。在这场听证会里，并没有丝毫的公正可言，它更像是一场政治阴谋。这次听证会使威廉·爱德华·波音彻底感到失望。他觉得自己被无耻地欺骗了，他的人格受到了严重地践踏，他在感情上受到了伤害。

威廉·爱德华·波音一直都是商界的典范，父亲老波音从小就教育他要做个诚实守信的人。波音接受的是德国式的教

育，一向谨言慎行，也一直言出必行，诚实守信。他十分注重波音公司及本人的商业信誉，因此这些质疑对于他来说都是一种冒犯和侮辱。盛怒之下，他卖掉了波音公司所有的股份，退出了他花费18年时光一手创建的波音王国。

威廉·爱德华·波音退出波音公司后，断绝了与公司的一切联系。他带着爱妻过着与世隔绝的生活。波音在西雅图买下一处安静的农庄，开始改养纯种马了。或许在波音的心里，他的蓝天梦想破碎了，在草地与马背上驰骋还可以让他找到当年在蓝天中翱翔的感觉。威廉·爱德华·波音放弃的是带着镣铐的舞蹈，他要还原一个无拘无束的精神世界。

1956年9月28日，威廉·爱德华·波音驾驶着自己的私人快艇在海面上游弋时，突然心脏病发作，经抢救无效去世，享年75岁。

威廉·爱德华·波音的一生都充满了传奇色彩。

"他是个充满好奇，追逐梦想，刻苦钻研，从不放弃的人。"他的儿子曾这样评价过自己的父亲。

虽然威廉·爱德华·波音的晚年密布"悲情主义"，在美国"新政"后，布雷顿森林体系的建立表明了美国经济在世界经济中的地位。这些的背后，是以牺牲威廉·爱德华·波音等一代人为代价的。但是波音他无愧于真正的英雄，他的创业故事鼓舞了一代又一代的人们。在他创建的波音王国里，有梦想，有执着，有激情，有奋斗，也有磨难与风雨沧桑。威廉·爱德华·波音虽然离开了，但是他留给世人的波音精神却会一直传承下去。

第二节　为了波音更高更强

> 如果说我看得远，那是因为我站在巨人
> 们的肩上。
>
> ——牛顿

波音公司最大的财富就是有着一批可以为它"鞠躬尽瘁，死而后已"的英雄。

在空中堡垒B-17取得成功后，波音公司并没有满足于眼前，克莱尔带领着他的设计小组继续研究，很快一架比波音B-17更巨大，航程更远的"超级空中堡垒"轰炸机B-29诞生了。

"超级空中堡垒"一被派上战场，就显示出了惊人的威力。它与它的"哥哥"B-17并肩作战，为反法西斯战争做出了巨大的贡献，但是代价同样惨烈，如今这种"超级空中堡垒"已经从历史上消失了。B-29和它的兄弟B-17一样，它们被军方的认同过程同样是充满艰辛、灾难与不幸的。

当时波音公司已经由从加拿大回来的另一位"波音斗士"菲尔·强森接手，他出任波音董事长，而克莱尔·艾格维

特终于可以专心做心爱的飞机设计了，他把重担交给菲尔·强森后，出任了董事会主席的闲职。

菲尔·强森是位出色的企业管理者，他是波音公司真正的斗士。他和克莱尔·艾格维特这批波音的领导人一样，把自己的一生都奉献给了波音。菲尔·强森是波音公司自中国工程师王助离开后，威廉·波音找来的两位年轻人中的一位。如果说其中的一位克莱尔·艾格维特是位天才设计师的话，那么菲尔·强森就是位天才管理者。

菲尔·强森为波音公司的未来操碎了心，他刚接手波音公司任董事长时年仅30岁，却因为过度的操劳，额前的头发变得稀疏了。

莫问白发为谁生，只鉴心中万丈情。

二战期间，菲尔·强森带领着波音公司，步入了又一个发展期。

强森为了B-29的军方试飞做足了准备，他不希望B-17的不幸再次来到B-29身上，之前的那场意外实在太令人揪心。

然而事情发展得并不顺利，波音公司越是怕什么，就越来什么，意外终究发生了。

在西雅图华盛顿湖边飞机场，人们紧张地注视着这架体型更加巨大的飞机。波音B-29开始了它的试飞实验。

飞机引擎发动后起飞非常成功！B-29平稳顺利地滑翔到了天空。

"太棒了，我真为这架超级空中堡垒捏了把汗。"看着飞机成功飞入高空的菲尔·强森安心地说道。

可是人们的欢呼声还没结束，飞机飞入1500英尺的高度时突然间起火爆炸了！这一切来的是那么突然！飞机上11名波音非常优秀的工程师及飞行员全部在爆炸中遇难！其中还包括波音公司最出色的飞行员艾迪·阿伦，他曾在波音公司危难时刻立下显赫战功。波音公司命运多舛，它的每一步成功都是那样坎坷多艰。

菲尔·强森和克莱尔·艾格维特没有被眼前的困难打倒，他俩很快在失败中振作起来，并对B-29进行了安全改良，使B-29得到了全面的完善。很快，由于第二次世界大战的缘故，数量巨大的军方订单纷至沓来，强森带领着工人们加班加点地投入到生产之中。

为了提高生产效率，菲尔·强森开始大量地以汽车行业招募熟练工人。他引进汽车业最为先进的流水线方法，取代了以往飞机制造时繁杂的手工操作。这是菲尔·强森带领下波音公司的一次工业革命。经改良后的工厂车间内，三四天就能生产出当初波音公司一年产出的飞机总量！波音公司在菲尔·强森的领导下开始了自动化生产的革新。

这次革新对于波音公司还有美国的经济与政治都具有重大意义，正是这次革新使波音公司在二战期间生产出了不可思议的各式飞机总计13万架。

菲尔·强森每天都超负荷的工作着，他的脑袋里和心里就只有波音两个字。人们甚至很少看到他休息。1944年9月的一天，菲尔·强森在视察波音的威奇托分厂B-29生产线时，心脏病突发，猝死在波音公司的生产线上。

菲尔·强森并没有看到二战的胜利，这或许是他最大的遗憾。他的一生都在为制作飞机这个梦想奋斗着，他为波音公司付出了无数的心血。他是波音公司忠实的创造者与守护者，他的离去使波音人无比悲痛。

第三节　跳入"火坑"的律师

要意志坚强，要勤奋，要探索，要发现，并且永不屈服，珍惜在我们前进道路上降临的善，忍受我们之中和周围的恶，并下决心消除它。

——赫胥黎

美国总统林肯曾说："虽然心碎，但依然火热；虽然痛苦，但依然镇定；虽然崩溃，但依然自信。因为我相信，对付屡战屡败的最好方法就是屡败屡战，永不放弃。"

波音亦然。

战争结束后，军方马上取消了波音B-17、B-29的订单，这是军方第二次因战争而重用波音公司，又因和平而舍弃波音公司。波音公司再次陷入了困境。波音随两次世界大战而沉浮。它的繁荣因战争而开始，它的危机随和平而到来。波音的飞机甚至被称为不祥的飞机。

波音公司可谓是屡败屡战，但是波音的领导"斗士们"毫不畏惧，他们带领着波音公司顽强地一步步迈入新的高峰。

1944年9月，随着波音董事长菲尔·强森的去世。波音公司的董事会主席克莱尔·艾格维特力排众议，把比尔·阿伦推上了波音王国的最高宝座，出任波音公司的董事长。

比尔·阿伦又是波音历史上一位临危受命的"斗士"，他是一位出色的律师。曾为波音公司服务了20多个年头，在波音担任过14年的董事。但是他对于航空航天工业却是个彻底的外行，对于克莱尔·艾格维特的这个决定，比尔·阿伦也感到非常意外。

"克莱尔，我并不适合这个位置，要知道波音历来的领导者都是飞机的行家。"比尔·阿伦困惑地说道。

"比尔，请相信我的判断不会错，你会是波音最需要的领导者，相信你自己能够做到。"克莱尔充满信心地鼓励着比尔·阿伦。

比尔·阿伦一上任，就有一堆非常棘手的难题摆到他的面前，他觉得自己跳到了一个"火坑"当中，这是一个太难收拾的残局。

当然，比尔·阿伦能临危受命，就有一种临危不惧的勇气，他把自己放在了管理者的位置上，开始全盘规划。首先，

比尔认为他不能放弃军方这棵大树，必须得再次获得军方订单，才能维持公司的基本运转，并且，比尔认为得到资金后他要大力研发民用客机，从对军方的过分依赖中解脱出来。

这时波音B-17与B-29订单的取消，使波音公司第一次大规模裁员被提上了日程。

比尔·阿伦并不希望裁员，但是不裁员公司将难以生存。为了公司能够顺利的生存下去，比尔·阿伦发动了波音公司历史上最大的一次裁员，把公司从35000人减少到了6000人！

在这之前，波音公司一直和他的员工们患难与共，第一任老板威廉·爱德华·波音曾为了度过困境，宁肯自己掏腰包也没有解雇波音的员工，所以他得到了波音工人的一片赤诚。波音公司能够走到今天正是因为波音人有着非常强的凝聚力与患难与共的团队精神。

可是今非昔比，解雇已是市场经济下波音不得不做的一项工作，一切都是为了波音公司更好的明天。

波音公司这次的裁员实在是动作太大了，结果导致波音公司有史以来最严重的罢工潮，罢工总共持续了140天。工人们和比尔·阿伦谁也不肯让步。大家就这样坚持着，最后还是在工会与公司的筋疲力尽下结束，而哪一方都没有取得成功。

但是比尔·阿伦还是刚强地站了起来，他并没有被困难打倒，因为他坚信今天痛心疾首的裁员必会成全明日的成功。一个人的眼光不能只看到眼前的得失，他要把眼光放远，不失小我，怎得大我？

比尔·阿伦调整好心态后开始寻找军方的订单，以求波音公司重新运转起来。就在这时候，波音公司的机会来了，军方给了包括波音在内的5家飞机制造商一份发展中型喷气轰炸机的机会，他们将挑选两家，然后下订单与其合作。

"这是公司转危为安最好的机遇，我们必须研制新机型，拿下订单！"比尔·阿伦在会议室中坚定地说道。

只要确定了方向，波音就一定是飞得最好的那一个。比尔·阿伦成功了，波音公司再一次转危为安。

其实，选择比尔·阿伦并不是任意为之，以后的事实也证明了克莱尔·艾格维特的决策正确。正是比尔·阿伦这位律师出身的门外汉，他成功地带领波音公司走出困境，并把波音公司塑造成"美国的象征"。比尔·阿伦带领着波音成为世界航空霸主，并把波音推向了新的辉煌。

比尔·阿伦在1945年45岁时出任波音的董事长，一直工作到他70岁。

在这25年期间，比尔对于波音公司做出了巨大的贡献。一方面表现为战后他使波音与政府的关系得到巨大的改善，使波音成为美国军方第二大承包商，并在第二次国会听证中，树立起波音公司"美国象征"的形象。另一方面，比尔成功地放飞了波音的"和平鸽"，他既没有放弃军方的合作，亦随着时代的变化而大力开发民航机市场，通过后来对波音727、737、747等一系列喷气客机的开发，他带领波音公司坐上了全球商用飞机市场的霸主地位。

《波音公司鹰击长空》一书中就曾有一段话这样评论过比尔："每当要做重大决定时，他一定把所有有关人员叫来，征求每个人的意见，而自己则坐在那儿记录大家的发言。每次出席会议，他总是带着记事本。别人发言时，他从不发表自己的意见，只是偶尔提出一些问题。直到他听完了在座每个人的发言，有时候他会说，好吧，稍后我们就会做出决定的。有时则当场拍板。我们常取笑他的记事本，我们真想知道他把记事本藏在哪里，这样我们就能知道他到底在记事本里记了些什么。可是，我们一直没有找到。"

比尔·阿伦确实是这样一位民主的领导者，他的性格中最适合领导波音的因子就是他非常擅于倾听别人的意见。他虽然是个外行，但是他的法宝就是尊重那些"精英内行"们，并和他们非常好地相处、沟通，比尔·阿伦成功地把他最需要的专业意见从内行员工的手里拿来应用。

此外，比尔·阿伦这位看起来外表谦和儒雅的律师，有着非常棒的口才与外交能力，就连美国总统杜鲁门都曾公开说比尔是他非常好的知己朋友，这样一位和美国总统是好朋友的人，当然适合当波音公司的董事长，为庞大的波音掌舵了。

历史用事实证明，比尔·阿伦是波音王国里一颗出色耀眼的明星。

第四节　最结实的"心脏"

江山代有才人出，各领风骚数百年。

——毛泽东

毛泽东主席有诗云："江山代有才人出，各领风骚数百年。"波音公司能绵延数百年而屡创奇迹，与它拥有无数热爱蓝天拥有梦想并且坚定不移地爱着它的人有最直接关系。

1968年4月29日，比尔·阿伦正式退休，这位律师出身的企业领袖为波音公司操劳了半辈子，并带领波音公司一次次走向企业发展的巅峰。

比尔·阿伦虽然离开了波音，但是与威廉·爱德华·波音一样，他留给波音公司最宝贵的财富也是他的精神。比尔·阿伦那种坚忍不拔、刚正不阿的精神和顽强拼搏的工作作风，让波音公司的人无时无刻不受到积极的影响。

梯·威尔逊这时候接替了波音王国的掌门之位，他开始了在波音公司漫长的圆梦之旅。威尔逊在位期间，为波音王国做的最突出贡献，就是引导波音走上了一条科学经营、完善客户服务系统的道路。

其实，梯·威尔逊又是一位波音历史上临危受命的领导人。他上任时，适逢有史以来最大的经济危机。波音公司在看似7打头一系列飞机辉煌的外衣下，露出骨瘦如柴的身躯。由于摊子铺得过大，波音公司所有的资金全部都放在了研发747与太空计划上，所以当金融风暴瞬间刮来时，波音公司就成了没有栖息地歇息的老鹰，差点被暴风雨拔光身上所有的羽毛，几乎破产。

不过，梯·威尔逊临危不乱，用他那一双宽厚的肩膀一次次扛过了波音的暴风雨。

梯·威尔逊曾和比尔·阿伦说过：

"我不觉得在波音会有人忽视我。"

的确，这位波音公司的掌门和以往的波音掌门们非常不一样。他站在人群里无论有多少人，你都无法忽视他，因为他有着雄狮一样火暴的脾气与闪电一样的执行力。

你经常会在波音公司的上空听到威尔逊急躁的吼叫声，然后他又电闪雷鸣地带着一阵风解决问题去了。

甚至早在比尔·阿伦还在任时，客户服务部的头头尼布尔就曾跟人打赌，他预言威尔逊将会成为波音日后的当家人。

当然尼布尔赌赢了，梯·威尔逊在他47岁那年当上了董事长，在位长达17年之久。难道尼布尔有着预知未来的能力？这时他肯定会告诉你："哈哈，才不是，那是因为威尔逊有着霸王的气质，他天生敢于冒险，并且率直得近乎粗鲁。常常他一声吼叫，就把大家镇压得服服帖帖。当然，更重要的是他对事物有着准确的判断力，并且有着发疯玩命的工作态度。你说这样的人不当领袖，什么人才能当呢？"

梯·威尔逊是凭借着自己的实力一步步走到波音最高位置的，并不是一步登天的。梯·威尔逊曾是陆军航空队的队长，后来因为在滑雪中摔断了腿而离开了航空队。

腿伤养好后，不甘寂寞的梯·威尔逊立刻四处求职，最终被波音公司相中。初来波音公司时，梯·威尔逊并没有被委以重任，他是从初级工程师做起，直到做出很多突出贡献，才站到波音王国至高点上。

梯·威尔逊一上任就面临了波音公司历代领导者都最不愿意面对的难题——裁员。波音公司的土地已经干涸很久，而手中仅有的一些流动资金就像干旱期间的毛毛雨，根本不够用，所以1971年，梯·威尔逊开始了大裁员。

梯·威尔逊裁掉了波音公司员工的60%，他对比尔·阿伦在任时的大罢工心有余悸。为了防止工人不满引起罢工，他想出了"等比裁员"的方法。他从高层到一般职员，从高级工程师到普通工人，从间接工人到直接工人，严格按照65∶35的比例进行裁员。而这一比例表示被裁工人人数并不大，因此波音公司保留了一线工人的生产实力。

梯·威尔逊明白，在工业时代，工人才是生产环节的主力！

裁员后，梯·威尔逊又开始上下动员波音全体员工，一定要患难与共，众志成城。在取得员工的同意后，波音公司开始减薪计划，平均每位员工的薪水都减少了25%。正是波音公司

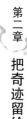

上上下下患难与共的团队精神，才使波音王国走出了金融危机的泥潭。

梯·威尔逊真的是个忙碌命。他从来到波音就一直为波音忙忙碌碌。为了四处筹集资金使公司运转起来，他天南海北地奔波着。短短三年时间，梯·威尔逊的满头黑发就变成了根根银丝。他一下子苍老了许多。不知道到底是岁月的沧桑爬满了他的额头，还是他把波音的困苦风霜都留在了自己的脸庞。

超负荷的工作量使梯·威尔逊的健康状况亮起了红灯，早年他曾被誉为"不知疲惫的陀螺"，可是人到中年身体本就在走下坡路，哪还经得起他这种不要命的"玩法"呢？梯·威尔逊把波音公司当成了自己心爱的孩子，毫不吝惜地付出了自己的一切。

1970年1月，梯·威尔逊由西雅图赴华盛顿参加泛美公司747的首航仪式，当时他就感到自己已经疲惫不堪了。波音公司这一阶段大事小事他都要操心，亲力亲为，让他的精神与身体都达到一定的极限。在返回西雅图时，飞机刚刚起飞，梯·威尔逊心脏病突发，飞机紧急降落在了波斯肯机场。梯·威尔逊这位波音历史上有名的火暴君王，其实有一颗脆弱的心脏。命悬一线之际，医生给家属发了病危通知。

值得庆幸的是经过医生的全力抢救，梯·威尔逊终于从死神手中挣脱出来。"我还有许多工作没有做，所以说我知道我不会有事。因为波音还需要我。"梯·威尔逊醒来后握着妻子的手虚弱地说着。

经历过这样一场生死搏斗后，梯·威尔逊以顽强的意志站了起来，他说的没错，只要波音公司还需要他，他就不能倒下！梯·威尔逊康复后，波音公司也脱离了危险期，梯·威尔逊抓住机会，大刀阔斧地在波音实施了一系列的求生措施。他先是给波音747动了个大手术，换掉了747的发动机，然后又给747截短了一大截，这样"整容"后隆重推出了波音747SP型飞机。这款飞机就是应对70年代全球石油危机的最佳利器。它载着波音公司成功度过了那个危机的年代。

随后梯·威尔逊又带领波音公司的设计师们打造出波音757、767这对双生姐妹花，它们是那么的耀眼美丽。

谁也不会想到，这对姐妹花拥有高智商。原来每架波音757、767飞机上都安装了40台电脑。飞机上的全部操作，包括导航、监视等等，全可以在电脑上找到痕迹。驾驶员完全可以依赖电脑映射出地面的彩色在地图上找到最佳飞行路线与降落机场，电脑会按照驾驶员的指令飞行，这对插着高科技翅膀的姐妹花成功地从金融危机中解救了波音王国。

当时，因为石油危机，747虽然有种种优点，但是却有过一段生不逢时的尴尬历史，由于它耗油量大、造价高，747突然陷入了销售的危机。

波音757与756就是要弥补市场上的空缺应运而生的。它们俩是一种双过道的宽体客机，要比747小，都是双引擎飞机，这样既省油又减少空气污染。在70年代中期石油市场紧缩的情况下，它们的出生可谓是皆大欢喜，一上市就被各大航空公司

疯狂抢购。波音公司终于度过了危机，迎来了阳光明媚的春天。梯·威尔逊紧接着建立了完善的客户服务系统。他提出"顾客就是上帝，一切服务至上原则"，这一思想开始在公司上下全面贯彻。

这就是梯·威尔逊，一位波音历史上特别的领袖——一位常常大着嗓门让波音热闹起来的掌门。

第五节　突围还要靠自己

> 我们所要做的，就是去不断地创新，去创造令顾客更满意的飞机。而只有达到顾客的要求了，自然就会取得顾客的信任，到时候质疑都会烟消云散。当然，最重要的是这些必须建立在安全的基础上。
>
> ——比尔·阿伦

从波音公司的发展史上看，它更像是一个被上帝有意磨炼的巨人，每一次波音都在崛起中突临危机，而后又完全凭借自我拯救进入一个新时代。虽然波音每一步都在走向更高处，但是每一步都分外艰辛。就像陷入一个包围圈，波音每一次都是靠着自己顽强的毅力和创新的精神才突出重围。

二战后，飞机的研发进入了一个新的时代，人们千方百计地想要提高飞机的飞行速度，速度是飞机取得竞争力的最重要因素。飞机怎样提高速度呢？其实主要有两个方面，一是在于飞机的外形，最完美的飞机外形可以减少空气的阻力。二就是改进飞机的发动机，增加它的输出功率。经历几十年的发展，飞机在外形上已经由双翼机变为单翼机，引擎上由活塞式变为喷气式。波音B-47飞机就是在这样的历史需求中应运而生的。

比尔·阿伦带着波音王国一批优秀的设计师，成功地设计出了新型飞机。其实世界上第一个提出后掠翼飞机设计思想的并非波音公司，而是德国空气动力学家阿道夫·比斯曼。阿道夫·比斯曼是作为高级科学家在二战期间来到美国的，他在美国国家航空咨询委员会进行了后掠翼式飞机的研究。但是随着第二次世界大战德国的战败，这些宝贵的一手资料还没来得及返回德国，就被美国政府飞快地夺去了。

当时这批资料被政府发给了很多家航空公司，却只有波音公司把后掠翼飞机的研制提上了自己的日程。波音公司把这份资料当成宝贝一样研究着，他们的工程师拿到资料后简直就是欣喜若狂。他们认为这是上天在帮助他们获得订单！工程师们对着这份图纸反复地涂改、研究。而此时其他的航空公司根本就没太注意这份资料，它们仍然在设计当时的直翼飞机。波音公司对科技创新的敏锐与热情使他们非常看重后掠翼式飞机这一设计理念。也正是因为波音公司对科技创新精神的坚持，使

它又一次打败了其他家航空公司，并最终取得了军方的订单。

三个月后，波音公司首先推出了第一架后掠翼飞机B-47轰炸机！

B-47轰炸机在当时非常先进，是波音公司设计师们对德国人的资料进行改动设计成功的。当时德国人的资料是以29度机翼后掠为极限。而波音的航空设计师有个叫斯切列的，他提出飞机机翼后掠35度角的计划，并使35度角计划获得成功，而这一项改动使B-47轰炸机飞得比战斗机还要快！

波音当时能研制出后掠翼飞机还因为一点，就是波音有一个十分有利的条件——他们有一个其他家公司并不具备的高速风洞试验室。在这个试验室可以研究出最精准的后掠机翼角度。斯切列是设计组的成员之一，他是个超级工作狂，一天从早到晚他的脑袋里都是工作，无论白天黑夜都待在试验室中。他需要绝对的投入才能保证设计出来的飞机获得生命。因为只有得出一个最严格的角度才能让飞机在天上自由飞翔，多一度少一度都有可能导致失败。

而为了给公司省电，斯切列常常还要避开大家都用电的时间，改为深夜一个人在实验室中研究着。因为他常常不回家，就住在风洞实验室里，他的妻子都想要和他离婚了。

"亲爱的，我的飞机怎样怎样……"而只要有时间回家，斯切列同妻子最常说的就是这句话。

乔治·马丁也是波音公司的工程师，他直接参与了B-47的设计工作。他和斯切列一样是个工作狂，他每日都在设计室内埋头苦干，连吃饭都是秘书给他摆在桌子前，直到凉透才匆忙地往嘴里塞几口。

"都别打扰我！别打断我的灵感！"是他的口头语。

这位工作怪才常常在回家的路上仍然低头思索着他的图纸，因此波音公司门外的柱子总是无辜地被乔治·马丁撞到。而乔治·马丁也常常找不到自己的汽车，因为他不知道自己把车子停到了哪里。他还常常开车时灵魂出窍，去考虑他的设计，把家人弄得提心吊胆。

波音公司的工程师们大多数都是这样的一类人，他们痴迷飞机，热爱自己的工作，并勤奋、孜孜不倦地把所有精力都奉献给了波音。

而正是因为波音工程师的这股勤奋、创新精神，才使波音飞机一直领先于其他家公司。

但是B-47的生产过程仍然和它之前的兄弟飞机一样，充满了灾难与不幸。

首先它遭到了军方首脑人物拉姆将军的极力排斥，拉姆将军不断地对波音B-47提出质疑，并固执地认为B-47根本飞不起来。

"我们所要做的，就是去不断地创新，去创造令顾客更满意的飞机。而只有达到顾客的要求了，自然就会取得顾客的信任，到时候质疑都会烟消云散。当然，最重要的是这些必须建立在安全的基础上。"面对军方的质疑，董事长比尔·阿伦非常坚定地告诉波音员工们。

　　比尔·阿伦认为，只有不断地改进B-47，打破军方的一切疑虑，让一切拒绝都失去理由，这才是制胜的根本！

　　航空专家梯·威尔逊这时候被派来参与B-47的改进工作，这是他初次出现在波音王国的舞台上。当时人们并没有想到，这位有着火暴脾气的男人会领导着后来的波音公司谱写另一段历史。待一架B-47原型飞机制造出来后，梯·威尔逊觉得这个模型已经非常完美了。他就像一只护崽子的雄狮一样，坚决不让任何人在B-47上再添什么东西。而这时一位名叫阿特·赫其曼的技术人员觉得应该在B-47身上打几个小洞来解决飞机的降温问题。

　　"离我的飞机远点！我不同意你这样做！"梯·威尔逊这时候像极了被惹毛了的雄狮，他守在飞机前一步不让地制止着赫其曼。

　　"可是这是对飞机有利的！而且上面已经同意了我的提议，我只是奉命工作。"阿特·赫其曼解释道。他感觉很无奈。

　　"谁同意也不行！它已经很完美了，谁也不能来破坏它！"梯·威尔逊怒吼道。

　　最后还是比尔·阿伦出面，梯·威尔逊才撒开他的双手，让阿特·赫其曼在B-47身上打了几个小洞。

　　"这架打过孔的飞机一定是美国最安全的飞机。"梯·威尔逊嘲讽道。

　　"为什么呢？"阿特·赫其曼感到非常不解。

"因为敌机已经不忍心再朝它开火了，它已经满身弹孔了。"梯·威尔逊大笑着。

梯·威尔逊就是这样一个爱"他的飞机"如命的人。但是他并非眼光短浅，不接受改变，相反他却是位不断求索和创新的人，日后的波音B-47就是在他的不断改动下获得巨大成功的。最初的B-47只有4个引擎，但是因为B-47太大了，4个引擎无法启动这个大家伙。经过梯·威尔逊不断地修改，B-47具有了6个引擎。很快，B-47要开始试飞了。当时人们都没见过这种后掠翼式飞机，它能否成功地翱翔蓝天还是个未知数，试飞员们都不愿意拿自己的生命开玩笑，参加这次试飞。

这时候一位非常出名的飞行员来到了波音公司，他叫加里森，他的一生都在追寻最佳的飞机，经他试飞过的飞机难以计数，他愿意用性命做赌注，去试飞B-47。"太可怕了，我再也不想试这个大家伙了！"试飞结束后，加里森满脸苍白地从机舱上走了下来，他边擦着脸上的汗水边说。当时的加里森非常有名，甚至有人形容他："你若是把加里森家里的床装上翅膀和引擎的话，他准能驾驶床飞起来。"由此可见，加里森的话十分有分量。飞机在飞行过程中一定存在严重的问题。

"能说得具体些吗？你都感觉到了什么？"梯·威尔逊对加里森的话非常重视，他立即走过去问道。

"好像地震，对，就是地震的感觉，飞行中我感受到了强烈的震波，飞机摇晃得很厉害。"加里森仔细思索着当时的情景回答道。

梯·威尔逊听后立马去飞机上取下自动记录仪，结果却出人意料，并没有一丝不正常的记录。

"那你感觉在哪个部位震感最强烈？"梯·威尔逊继续问道。

"我的屁股下面！真的！感觉地动山摇一样！"加里森再次强调他当时的感觉。

"加里森，再来一次试飞！拜托了！"梯·威尔逊又跑到飞机上，把记录仪放到了飞机坐垫的下面，诚恳地对加里森说道。

这一次试飞果真在记录仪上查到了强震的时间和原因，原来后掠翼式飞机在高速的气流下会产生震波，从而破坏机翼表面。威尔逊很快对这一问题进行了研究，他和工程师们决定给飞机装上个小金属片，就是漩涡产生器，以此来阻止气流产生震波。

"非常满意，很棒！"当改好的B-47再次试飞后，加里森说道。波音的全体工程师们都兴奋地手舞足蹈起来。

波音公司成功地赢得了这次军方的订单，并一共生产了1500架B-47。但是军方还是嫌波音公司的生产速度不够快，他们要求更多的飞机。波音公司只好按照军方的意思，帮助道格拉斯和洛克西德培训工人，并交由他们制造700架B-47。

波音公司又一次救了自己，而且这一次，他们飞得更快、更高。

Boeing

第三章　让梦想穿越现实——

伟大的波音帝国

Boeing

第一节　我要飞得更高

> 一个人如果只知道一条路跑到黑，而看不见周围的变化，就会慢慢地被社会竞争淘汰。
>
> ——古希腊哲人

　　1919年，波音公司起死回生，重新迎来了属于它的春天。而经历了这番磨难后，威廉·爱德华·波音开始认真地思索危机的根源。他觉得波音公司从一开始就以军方为主要客户，甚至是唯一客户，这是不对的。战争终究不是常态，和平才是世界发展的主题，公司不能只生产为军方服务的飞机。事实证明，一旦停止战争，波音的发展就陷入困境，不仅不能发展，连生存都成了大问题。从那时起，波音决定开辟一条新的生存之道，不再过分依赖军方的订单。

　　1919年3月，威廉·爱德华·波音想到了一个新的办法，果然有效地发展了公司，并且让人们对飞机的看法有了新的认识。他想，飞机的速度远比马车、汽车和火车快得多，这样在运送加急邮件方面会有绝对优势。20世纪30年代的交通工具非常落后，马车是最常见的，稍微先进点的就是火车和技术还不

够成熟的汽车，这些工具当然是前一个世纪无可比拟的，可是它们的速度仍然不能让人满意。为了尝试公司未来的发展计划是否可行，威廉·爱德华·波音亲自驾驶C型水上飞机从西雅图飞往温哥华，并从那里捎带了60多封信件返回西雅图。这是一次意义非凡的飞行，它改变了世界邮政行业的固有格局和模式，人类从此开辟了商业化的航空邮政业务。飞行不再局限于战场和富人们的娱乐竞赛，飞机开始正式与人们的日常生活产生联系。波音公司也因此迈出了向民用商业航空变身的第一步。

当威廉·爱德华·波音安全返回西雅图后，他决定正式实施他的飞机邮政计划。

"老伙计，我们得抓紧研制出一架适合运送邮件的飞机，我已经试过了，这非常有前途。"威廉·爱德华·波音叫来了克莱尔·艾格维特，对他说。

"没问题，这项任务就交给我吧，我早就想建造个新型的飞机了。"克莱尔·艾格维特兴奋地说。

克莱尔·艾格维特在设计室里和他的伙伴们开始了邮政飞机的研制工作。很快，命名为40型的飞机诞生了。这款飞机的机身首次设计了两个座位，可以搭乘乘客，这是波音公司制造的第一架用于航空邮政的民用飞机。

其实，美国邮政部门在此之前已经开展了飞机邮政业务，只是规模不大，其中不乏飞机性能太差的原因。1925年，美国邮政总局首批40名飞行员中就有31名死于空难。当时他们使用的是DH-4型飞机，这款飞机被当时的人们称为"杀人机"！因为DH-4飞机的油箱非常容易着火，美国邮航的飞行员们愤怒了，他们联合起来拒绝再次使用这种"杀人机"飞行。

威廉·爱德华·波音终于迎来了公司第二次飞速发展的机会。他凭借着新研制的40型飞机取得了美国邮政当局的认可，拿下了生产邮政航机的合同。

美国邮政当局虽然同意了40型飞机，但是他们认为新的40型飞机必须安装"自由神引擎"，这使克莱尔非常愤怒。要知道当时的自由神引擎十分笨重，它还是最古老的水冷式引擎，这需要给飞机装上水箱和大量的水这些已经快要淘汰的东西。克莱尔希望安装惠特尼公司和莱特公司生产的气冷式引擎，它们不仅更加轻便、效率更高，而且安全。但是这个提议很快被邮政总局驳回了，好吧既然顾客就是上帝，波音公司希望按顾客的意思办事。克莱尔不情愿地生产了一架新的40型飞机，但是由于这架40型飞机过于笨重，它在空中飞行的时候就像只慢吞吞的老蜗牛，很快就被邮政总局淘汰了。克莱尔重新把惠特尼425马力的气冷式引擎安装在了40型飞机上，而且他又开动脑筋给40型飞机增加了四个座位，这样一架能够承载6个人的轻便型飞机诞生了，它就是40A飞机。

40A飞机的研制使当时的邮政总局非常满意，并令许多的航空公司羡慕不已。

好事连连，没过多久，美国国会通过了航空邮政法案，国

会决定停办国家垄断的邮政航空业务，将其交给私人经营。美国邮政总局觉得波音公司生产的40A型飞机非常适合用来飞从旧金山到芝加哥的这条航线，他们推荐波音去参加竞标。波音公司开出了当时的最低价格——1000英里1.5美元，超过1000英里以后，每100英里加收0.2美元。很快，波音公司便赢得了这条黄金航线的营运权。

对于这个价格，当时引起了很大的争议，就连美国邮政总局都难以相信这么低的价格波音公司是怎么盈利的呢？他们甚至让波音公司提供80万元的保证金才同意批准这条航线，后来直到华盛顿州的参议员韦斯利·琼斯出面做担保，这条航线的运营权才谈了下来。

"波音先生，您能告诉我们您开出这么低的价格，不是冲动而为吗？贵公司将怎样运营下去呢？"竞标会结束后波音接受了记者们的采访，一名记者充满疑惑地问道。

"因为我们的飞机运载的只有邮件，而不是水箱和水，我们的飞机最多可以运载1200磅的信件！"波音自信地答道。

正是这单生意使波音实现了他事业上的重大飞跃。波音王国在这一次机遇中不断地壮大、壮大。很快，波音成立了他的子公司——波音空运公司，并任命艾迪·修伯为总经理。

1927年7月1日，波音空运公司为他们的第一架40A型飞机"旧金山号"举行了首航仪式，这一天既是胜利的时刻也是革新的时刻，是美国历史上首次实现乘客与邮件的统一载运。这一天，也标志着威廉·爱德华·波音带领着他的波音王国成功华丽地"变身",从军用向民用转型取得成功。

从此以后波音公司陆续将太平洋航空公司、普拉特·惠特尼公司、哈密尔顿公司（螺旋桨制造商）等合并成为"波音联合飞机和运输公司"。波音王子的蓝天梦想终于得到了实现，威廉·爱德华·波音已成为航空运输市场的领导者，波音公司从此在美国航空业独领风骚。

第二节　穿上"金衣服"

在我们的观念里，没有什么是荒诞不经的，也没有什么是不能做到的。我们的工作就是不断地研究与实验，并且尽快地把实验出来的结果做成成品，绝不让已经改良的飞行器及飞行装备来终止我们不断求新求变的心。

——威廉·爱德华·波音

"在我们的观念里，没有什么是荒诞不经的，也没有什么是不能做到的。我们的工作就是不断地研究与实验，并且尽快地把实验出来的结果做成成品，绝不让已经改良的飞行器及飞行装备来终止我们不断求新求变的心。"这是威廉·爱德

华·波音在公司成立大会上的激情宣言。

正如威廉·爱德华·波音所说的，波音飞机有一双神奇的创意翅膀，使波音飞机不断地在创新中越飞越高。

波音公司在民航领域取得巨大成功后，威廉·爱德华·波音并没有放弃对新型飞机的研究，他一直坚信，波音王国最大的宝藏就是不断加载新东西的飞机。每当一架新飞机设计出来，威廉·爱德华·波音的眼睛里总是闪烁着兴奋的光芒，就像是小孩子得到了心爱的糖果一样手舞足蹈起来。

"我们应该再造一架比这个还要出色的飞机！"威廉·爱德华·波音经常说。

波音公司的生命力是威廉·爱德华·波音招至麾下的设计奇才们。波音公司的第三位设计大将克莱尔·艾格维特，他和波音一样，有着永不停止的创新精神。

克莱尔·艾格维特身材高大魁梧，英气逼人，他常常拿着一支制图铅笔飞快地在图纸上涂着画着，这副画面已然成为他的特写。他一生为波音公司设计了无数的飞机，可谓是波音公司最忠实的伙伴与梦想成就者。

在民航邮政机"旧金山号"设计成功后，克莱尔·艾格维特并没有满足眼前的成果。在当时那个年代，全美国每新建立的一条航线的平均寿命只有一年左右，原因就是没有更好更适合的飞机。当时的飞机载客量非常小，运输成本高，而最重要的是当时的飞机主要以木材为主原料，虽然价格便宜，可是却常常发生空难，安全性很差，克莱尔·艾格维特与威廉·爱德华·波音一样，一直梦想着造一架更适合民航的飞机。

1929年，豪华的会议室内，威廉·爱德华·波音与克莱尔·艾格维特秘密地商谈着。

"老伙计，你听说了吗？德国人雨果·姜克研制出了金属飞机！"威廉·爱德华·波音眼睛里露出兴奋的光芒。

"是啊，要知道给飞机穿上'金衣服'可是我朝思暮想的！"克莱尔·艾格维特眼里展现出痴迷的神情，他不断地搓着那双因为制造飞机而变得粗糙的大手继续说道："不过金属飞机制造还有很多问题我们没有解决。"

"嘿，我的意思是说我们需要找机会去见识下德国的金属飞机，这样问题就好解决了。"威廉·爱德华·波音笑着回答。

这样的机会很快就来临了。

那是一个炎热的夏日，一架苏联的ANT—4型海上飞机从西伯利亚飞到西雅图时发生了事故，驾驶员被迫降落在了华盛顿湖上。他只得向华盛顿的波音公司求救，让他们派人帮忙修理飞机。威廉·爱德华·波音得到这个消息后简直喜出望外，他急急忙忙地找来克莱尔·艾格维特说道：

"老伙计，机会来了！一架金属飞机掉在了咱们的地盘上，请求我们去帮忙检修，这真是天降好运！"

"我的上帝，看来我们即将有'金衣服'飞机了！"克莱尔·艾格维特听后简直觉得不可思议，这可是盼什么来什么，他兴奋地说道。

克莱尔·艾格维特脚底生风，急匆匆地带着工人们飞奔到了华盛顿湖边，他们替这架出问题的飞机换上了新的轮子，以代替原来的浮筒。换好后克莱尔·艾格维特提出要给这架金属飞机做个全面的检查，通过大约半个小时的检查，克莱尔脸上的笑容怎么也藏不住了，他像个初恋的小伙子一样傻傻痴迷地笑着，他的脑海中已经有"金衣服飞机"的灵感了！波音公司就是这样在这个巧合的机会中学到了金属飞机制作的技术。

不久后，波音公司就推出了由克莱尔·艾格维特设计的"梦想飞机"——波音247客机。当这架飞机展现在人们眼前时，人们都惊叹于它华美的金属色彩，并被它优越的性能所折服，正是这架飞机使克莱尔·艾格维特获得了航空界最著名的柯立尔奖。

波音247的诞生，是航空界的一次伟大革命，它具有全金属结构和流线外形，起落架可以收放，采用下单翼结构，引擎是大黄蜂型，完全合乎空气动力原理，还加装了三片汉米尔顿标准型震动间距推进器。它的速度也较一般客机有很大提高，它的巡航速度为248千米／小时，航程776千米，载客10人，并可装载181千克的邮件。并且波音247飞机的乘坐条件得到了大大改善，机上座位舒适，设有洗手间，还有一名空中小姐。

波音247的横空出世，无疑代表着波音王国走向了另一个辉煌。当时的电影公司把波音247搬上了大屏幕，命名为"有翅膀的人"，波音公司从此扬名四海。

第三节　天使在人间

真实是人生的命脉，是一切价值的根基，又是商业成功的秘诀，谁能信守不渝，就可以成功。

——德莱塞

一谈论到空中小姐，很多人都会遐想出无限美丽的故事，她们温柔，迷人，体贴。可是却很少有人知道，"空中小姐"这一职业，也是由波音公司创立的，"空中小姐"是波音王国对世界的另一伟大贡献。

1930年5月15日，在加利福尼亚州飞往旧金山的航班上，突然出现了8名统一着装，年轻美丽的姑娘们。她们带着天使般甜美的笑容，在飞机即将起飞的时刻用婉转动听的声音说：

"女士们先生们，我们的飞机很快就要起飞了，请系好您的安全带。"

"先生，请问您需要喝点什么？"一位"天使"问道。

"哦，不，不，哦，不是，请给我杯果汁吧。"面对"从天而降"的漂亮姑娘，这位男乘客有些反应不过来，磕磕巴巴地回答，他感觉姑娘的笑容与温柔的声音像春天一样，把

他包围了。

在这之前，航空公司在飞机上雇用的大多是年轻男孩，他们被称为"空中少年"。但是这批"空中少年"们实在是粗手粗脚，经常打翻旅客的咖啡，或是说话毫不客气，没有让旅客们感受到乘坐飞机的优质性服务。

有一天，威廉·爱德华·波音因生病住进了一家华盛顿医院，医院的护士小姐温柔体贴的照顾，使他消除了因身体不适而产生的烦躁。她们不仅仅给波音打针、量体温，还很关注他的情绪，在他需要安慰的时候给予最温暖的关怀。

"她们简直就是天使！如果我的飞机上有了像她们一样的女性，所有的投诉难题不就解决了吗。"威廉·爱德华·波音顿时心想。

威廉·爱德华·波音康复后的第一件事就是去了医院的院长办公室，找到院长并说明了他的来意：

"先生，我需要从您这里雇用一批护士，来到我的飞机上工作。"

"波音先生，您是说让护士去飞机上照顾病人吗？"院长很惊讶于波音的请求，他不解地问道。

"不，她们不仅仅是照顾病人，她们将会是我飞机上最明媚的一缕阳光。"威廉·爱德华·波音神秘地答道。

"那您对挑选护士都有什么样的要求呢？"院长似乎明白了波音的用意。

"我希望挑一些仪态端庄、温柔漂亮的姑娘们，相信她们

和创造世界名牌的人

一起放飞梦想

会给我的旅客带来最好的服务。"波音想了想。

威廉·爱德华·波音从医院挑选了8名护士，并带着她们登上了飞机。从此，"空中小姐"便成了神秘、美丽、温柔的代名词，她们的出现使旅途变得不再寂寞枯燥，而是色彩缤纷、温馨动人。

威廉·波音独到的眼光和敏锐的洞察力，以及永不停止的创新精神才是他屡屡获胜的法宝——"空中小姐"这一代代美丽的姑娘们，将威廉·爱德华·波音不断进取的精神传递给了整个世界。

第四节　有志者，天不负

> 我坚信，只有航空技术的领先，才是公司的命脉所系！
>
> ——克莱尔·艾格维特

有人说："雄鹰不经历风雨，何以搏击长空。"而没有威廉·爱德华·波音的波音公司，又是怎样在风雨中翱翔的呢？它又是如何化解危机，一步一步重建波音帝国的传奇？

威廉·爱德华·波音虽然离开了，但是波音王国里的"斗士们"还是留了下来，他们带着波音的精神与梦想，继续

坚定、顽强地奋斗着。波音公司就像一只展翅高飞的雄鹰，艰难地穿过暴风雨，向更远更高的蓝天翱翔。

1934年，是波音公司最为黑暗的一年，随着威廉·爱德华·波音的离开，公司处在非常危险的时刻。这时，由当年波音从华盛顿大学里挖掘来的奇才设计师克莱尔·艾格维特站出来接手了这样一个支离破碎的王国。

克莱尔·艾格维特，是威廉·爱德华·波音最坚定、最顽强的追随者，同时也是一位无与伦比的设计师兼管理者。这位华盛顿大学毕业的年轻人，在波音公司成立初期就来到这里，负责各类新型飞机的研发与制造工作。以后数十年一直担任波音公司的高级主管，他不仅为波音公司创造了无数的飞机，也是波音科技创新精神的伟大传承者。

波音公司还是保留了波音（BOEING）的名字。当时公司的财政赤字已经达到26.7万美元。面对这笔巨额欠款，克莱尔·艾格维特依然坚持发展新型飞机。

"我坚信，只有航空技术的领先，才是公司的命脉所系！"克莱尔·艾格维特说，他就是第二个威廉·爱德华·波音。

1935年，波音公司董事会做出了一个惊人的决定，他们拨出27.5万美元作为研究基金，决定背水一战，他们相信，只要新型飞机研制成功，就有机会获得新的订单，解决波音公司无米下锅的困境！

此时的波音公司无疑是贫穷的，但它也是最富有的。因为它拥有一批航空工业的精英，这是一笔无价的宝贵财富。他们分别是董事长克莱尔·艾格维特，年轻的首席工程师查理·蒙提斯，以及他手下两位才华出众的工程师——乔治·马丁与艾迪·威尔斯。

这些人一直没有忘记当日公司成立大会上波音的激情宣言：

"我们是一群新科技与新工业的拓荒者，我们所面临的难题，都是前人见所未见，闻所未闻的。绝不能让已经改良的飞行器及飞行装备，终止我们不断求新求变的心。"

他们是波音创新精神的传承者，正是这批人，承载着波音的精神，重建了波音王国。

长久以来，克莱尔·艾格维特一直想设计制造一架比247型更大更好的飞机。他手里拿着上一年度与空军签订的发展研制大飞机的计划，在办公室里来回踱着步。

"这是个好的机会，我不能放弃，或许大飞机会有出路。"克莱尔·艾格维特在心里暗暗地想着。

克莱尔·艾格维特带着他的这批航空业的精英们，开始埋头苦干，不久他们便推出了XB-15型飞机。这是一款相当巨大的飞机，飞机机翼长149英尺，重量3.7709万磅，航程可达5000千米，载炸弹4吨。发动机是4台马力的威斯普引擎。这架飞机在当时确实是一架非常庞大的飞机，就像是一条卧龙一样盘踞在大地上。

但是XB-15型机仅仅是试制而已，并没有批量生产，更未

投入实战。这时候克莱尔急得吃不下饭，波音公司需要订单！没有订单何来生存！

机遇总是留给有准备的人，这时候军方的订单来了。军方交给了波音一份飞机制造文件。希望他们为军方制造重型轰炸机。

在一个阳光明媚的早晨，克莱尔·艾格维特和他的设计精英们齐聚一室，仔细研究着军方的订单要求。

"军方要求飞机一定要大。"克莱尔说道。

"是的，而且是多引擎。"年轻的艾迪接着话。

"多引擎？哦，等等，这是个重点，或许我们可以尝试设计四个引擎的飞机。"克莱尔·艾格维特突发奇想地说道，一道灵光从他脑海中划过。

"什么？四个引擎？一般的飞机都是两个引擎！不过这是个大胆的好主意！"艾迪·威尔斯兴奋地答道。

"或许，我们还可以加强飞机的抗力系数，让它在战争中无比坚固。"乔治·马丁沉思后紧接着说道。

"嘿，非常棒的点子。马丁你想怎样加固它呢？"克莱尔·艾格维特表示赞同，他走到了马丁的身边，急切地等待着回答。

"哦，我们可以这样，让机翼表面向内绷紧，这样压力就会全部被它吸收了。"马丁闪动着他充满智慧的双眼，仿佛他的眼前已经摆放着一架他设想的飞机，手舞足蹈地比划着。

大家商量好新型飞机的构想后，就开始了紧张的研制工作。

这个计划被命名为波音299计划，也就是以后威震一方的B-17大型轰炸机。波音299的研制一直是在万分保密的情况下进行的，因此当时的美国各方都对299型飞机充满了好奇与猜测，这给波音299笼罩了一层神秘的色彩。

1935年7月的一个明媚夏日，朵朵白云悠悠地在蔚蓝的天空中漫步，空气中仿佛弥漫着祥和的味道。

"西雅图肯定有好事就要发生了。"当时有一位吉普赛人抬头望向天空，准确地预言。

的确如此，这一天，波音299型机终于撩开了神秘的面纱，出现在波音公司机场的跑道上。

波音299那银白色的漂亮的肌肤在阳光的照射下闪着金色的润泽。那巨型的伟岸雄姿使在场的人们显得那样渺小，让人们惊叹不已。

"这不是一座空中堡垒吗？"一位西雅图的记者脱口而出。

"它简直就是最完美的艺术品，它太大了，我简直不相信我的眼睛！"另一位记者说道。

"它一定会是未来战场的英雄！"军方人士的眼睛露出满意的神色。

这一切都仿佛是空中的彩虹一样色彩斑斓，克莱尔·艾格维特与波音团队的每一个人都以为他们一定成功了，就等待着军方下订单。

然而意外却在这时候发生了。

1935年10月30日，这是军方对波音299进行最后一次评估试飞的日子。

在跑道上，波音299扬起它高贵的头颅，由两名军方飞行员进行驾驶，而波音的试飞员勒斯·拖威则坐在后面给军方飞行员做现场指导。

勒斯·拖威是名非常优秀的试飞员，他有着8年成功的试飞经验，坐在波音299上，他自信满满，因为之前他已经给299试飞过多次，都是完美成功的。

可是不幸在瞬间发生了，随着飞机发出轰鸣的声音，波音299"嗖"地一下就蹿上了天空。然后在众人没反应过来的时候，"轰"的一声巨响传来。299坠落到了地上，很快便在大火中化为灰烬！

"我的上帝，完蛋了！"克莱尔·艾格维特此时心急如焚，双腿甚至感觉不那么好使，勉强站稳才没跌倒在地上。

这一切发生的都太突然了！波音299葬身火海，两名优秀的军方试飞员与波音最亲密的伙伴勒斯·拖威都被大火烧成了灰烬。

"为什么？这是为什么？试飞过明明没有问题的。"克莱尔仿佛一下子苍老了许多，他为他的299难过，更为葬身火海的三个年轻生命悲痛！

事故后，调查人员对飞机坠毁进行了仔细研究，发现原来是因为军方试飞员不熟悉299的飞行构造引起的。并非波音299

的质量问题！是属于操作失误引发的事故！

波音299有着新型的防风锁，是为了防止突如其来的狂风暴雨的袭击。试飞员必须飞行前打开防风锁，才能安全地驾驶飞机。而这项优秀的发明，却因为军方试飞员不熟悉，成了葬送年轻生命的魔手，由于军方试飞员试飞时没有拉开防风锁，致使尾翼升降舵自动滑入急速上升档，飞机失去了控制，才导致机毁人亡。

299的坠机事故，第二天就被各家媒体报道了出来，他们并不知道事实的真相，一时间，关于波音299质量存在严重问题、驾驶员性命堪忧的舆论漫天飞。

军方迫于舆论压力，也害怕四引擎的发动机真的存在隐患，宣布取消了波音299型飞机的竞标资格。波音公司失败了，败得很冤屈也很惨烈，他的对手道格拉斯公司赢得了这次133架飞机的订单。

谢尔盖·布林曾说："成功的唯一途径即是要先经历很多失败。而你能做的就是不要放弃，只要不放弃，一切就还有机会。"

失去订单的消息一传来，波音董事会上就吵开了一片。

"克莱尔，这件事情你怎么解释，你保证过拿出巨资研制飞机会得到订单，可是结果呢？让你之前的保证见鬼去吧！"董事们毫不留情地训斥着克莱尔·艾格维特，然后拂袖而去。

"我不会放弃的，波音299的质量没有问题，它一定还有机会。"偌大的会议室中只有克莱尔·艾格维特一个人站在窗

口喃喃自语。他的背影在夕阳下显得那么孤独，亦带着无比的倔强。

克莱尔·艾格维特不是个容易服输的人。他坚信只要永不放弃，一切都可以重来。他跟随着波音公司已历经太多的风雨磨难，这一次失败又算什么呢。

"我绝不能被打倒，我们还有机会！"他告诉自己。

随后，克莱尔·艾格维特通过自己的努力联系到了军方的杰克上校，他对波音299的信心与真诚打动了杰克上校。杰克上校其实是知道事故内幕的，空军方面很清楚299的性能要远远高于道格拉斯的B-18，他们决定购买13架波音299。

13架飞机！这足以化解波音公司眼前的财务危机，克莱尔·艾格维特终于露出了久违的微笑。而且，克莱尔·艾格维特相信，这只不过是一个开始，波音公司的前景会愈发光明！

第五节　一美元土地上的大工厂

> 人应尊敬他自己，并应自视能配得上最高尚的东西。
>
> ——黑格尔

波音公司又重新充满了生机，工人们都忙碌了起来，为这

13架飞机而奔波着。但是很快新的问题产生了，波音299实在是太庞大了。之前的厂房根本放不下它，一号厂房突然间像个很小的婴儿床，已经容纳不了"长大了的"波音299了！

波音公司在开会研究后，决定要迁出西雅图，尽管有万分的不舍，但是他们需要更大的空间和地皮去生产这款巨型轰炸机。波音公司把目光投向了加利福尼亚州，那里地域宽广，而且气候适宜，还是美国航空工业的中心，有着大批的飞机建造工人。

这时候，一位西雅图的农场主听到波音要迁走的消息，他心里非常难过。西雅图和波音有着深厚的感情，因为波音公司的建立，每天有无数的飞机从西雅图上空起飞，这的孩子们都是看着飞机在蓝天中穿梭长大的。

"我不能让波音离开西雅图，那将是西雅图最大的损失。"农场主西蒙先生想。

于是西蒙找到了克莱尔·艾格维特，要和他谈一谈。

"克莱尔先生，我希望贵公司可以一直留在西雅图，我们都挚爱着波音公司！"西蒙开门见山地说道。

"西蒙先生，谢谢你的挽留，可是我们在这里没有地皮，离开也是无奈之举啊。"克莱尔·艾格维特无奈地答道。

"这正是我来此的目的，我不种地了，我把我的农场地皮卖给你们，但是条件就是波音公司要留在西雅图。"西蒙急切地说。

"那请问您打算卖多少钱呢？"克莱尔·艾格维特十分

好奇。

"一美元！"西蒙爽快地举起他的一根手指。

"什么？一美元！"克莱尔再也无法保持平静了。

就这样，在这位西蒙农场主的帮助下，波音公司以历史上最低的一美元价格买下了西雅图28亩的土地，并在那里建造了世界上最大的飞机建造工厂——波音二号厂，一架又一架的波音299从西蒙先生的农场里飞上了蓝天。

波音公司永远感激这位西蒙先生，他的无私使波音公司不用离开西雅图，而西雅图也因为历史上这位崇高的西蒙先生，而并没有失去使这座城市更加出名的波音公司，所以人们也把西雅图称为波音城。

Boeing

第四章　速度与激情

Boeing

第一节　不能公开的实验

　　　　世上不知有多少人，为着疏懒误了自己
　　　的人生。奋发，活动；做事，谈话，考虑问
　　　题之类，对某种人是很困难的事。

　　　　　　　　　　　　　　——莫泊桑

　　波音公司把飞行与民用结合起来，但是作为军方一直信赖的合作伙伴，波音在军用飞机领域一直保持着强大的优势。然而，即便是技术尖端的航空领域，相互超越与自我超越也只不过是转眼之间的事情，所以，波音必须紧绷一根前进的神经，时时为超越他人与超越自我而努力。

　　B-17巨型轰炸机在这种严峻的竞争气氛中诞生了，它可以称之为真正的"战神"。B-17战机的卓越性能与过硬的质量在军方的实际应用中，逐渐地显露出来。

　　为了检验第一批B-17的性能，军方安排了一项秘密实验任务。在1935年的维吉尼亚州，军方的检测实验开始了。他们让一名驾驶员驾驶B-17穿过美国最强悍的南部飓风。要知道美国南部飓风非常强大，人们都称它为"黑色的猛兽"。它可以轻易地把15吨的重物卷上天空，因此这次实验军方并不能对

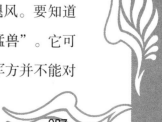

外公开。而驾驶员也是做好了牺牲的准备的。他们并不认为驾驶飞机穿过飓风可以活下来。

飞行开始了，在军方和驾驶员提心吊胆之中，一架名为"风筝"的B-17飞机飞速地向飓风区域飞去。飞行员的脸上凝固着必死的决心，他知道自己将被飓风撕扯成碎片，可是他是一名军人，军人的职责就是为祖国做奉献，即使是生命。并且军方会安置好他的家人，让他的家人过更好的生活。他觉得这一切都值得。

就在这时，不可思议的事情发生了，B-17就像一只真正的空中堡垒一样，只是在飓风中剧烈地来回摇晃了一会，便在驾驶员的掌控下安全降落在了郎莱机场。

飞行员意外生还使大家喜出望外。B-17的坚固令军方感到震惊。专家组赶紧跑过来给B-17做个检查，结果发现飞机只是机翼有些弯曲，脱落了几颗钉子，其余的都完好无损！

"这简直不可思议，它居然强大到可以和最凶猛的飓风抗衡，它真是最坚固的空中堡垒。"B-17的坚固和卓越性能让军方非常满意，他们庆幸当初没有放弃选择B-17，波音公司的"空中堡垒"从此威武扬名。

B-17的卓越性能不仅仅体现在它的坚固上，还体现在它配备了强大的攻击武器系统上。在一次任务执行中，B-17帮助美国海军扬眉吐气，重振了海军的威风。

在距纽约港口700英里的海面上，一艘来自意大利的邮轮违反美国港口规定，强行穿过纽约港口航行。美国海军要对它进行拦截，可是眼看就剩700英里的距离了，海军就算把游轮驾驶到最快的速度也追不上这艘意大利邮轮啊。于是海军请求空军进行支援，拦截这艘"目中无人"的意大利邮轮。3架B-17被光荣地派了出去。

B-17以飞快的速度飞到了意大利邮轮的上空，然后开始慢慢拉近与水面的距离。飞机上的驾驶员开始冲着下面的邮轮喊道："请立即停止前进，速离纽约港口。否则我方将发动攻击！"

意大利船长对此嗤之以鼻："不用理这个又笨又蠢的'大家伙'，我估计它只会装载炸弹，不会火力攻击，就是吓唬人的玩意儿！"

这引起了意大利邮轮上所有水手的哈哈大笑。可是没等笑声结束，他们就被前方海面上密密麻麻射下来的机关枪子弹吓傻了。B-17对着邮轮的前方海面展开了猛烈的射击。

"再不离开此地！枪口将对准你们的邮轮！"B-17的飞行员大声地喊道。

意大利船长吓得双腿发抖，脸色苍白，立即指挥船员转舵，灰溜溜地逃了回去。

B-17无愧于真正的战神，它为波音争得了无数荣誉，而且它还在第二次世界大战中立下显赫的战功。

B-17的成功再次地验证了波音一直奉行的精神：

"科技的创新才是企业生存的无穷动力。"

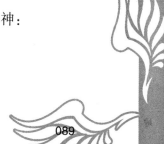

第二节　五万架真正的飞机

信念是改变一个人最佳的利器。它可以使人发挥出强大的潜力，你开始变得强大到不认识自己。

——佚名

将"可能"变成"不可能"的人是彻底的失败者，而将"不可能"变成"可能"的人才是最大的赢家。再多的艰难困苦，在他面前似乎都只是"摆设"，这样的人常常会绝处逢生。

正如西点军校教官鲁斯曾说的："'没有办法或不可能'，对你没有任何好处，它只能使事情画上句号，所以请马上删除这样的想法。而'总有办法'，对你有好处，它使事情有突破的可能，所以应该把它加入到你的大脑中。"

只有善于积极应变想办法才能创造"没有什么是不可能的"奇迹。

B-17的优越性能使它被推到了历史上的高峰。

面对第二次世界大战的来临，美国越来越清楚空军对于战争的重要性，他们决定要大力发展空军的攻击力量，从而加速战争的胜利，这时候军方需要更多的重型轰炸机。

坐在轮椅上的罗斯福总统雄赳赳气昂昂地对外宣布要制造5万架飞机去打击敌人！

"什么5万架？这怎么可能，这简直就是天方夜谭嘛。"美国军方认为短时间根本不可能完成这个任务。

"这只是一个虚张声势的恐吓而已，真的很可笑。"当时的德国法西斯头目赫曼·格林对此事讥笑不已。

军方抱着试一试的心态找到了波音公司，让他们接手这次B-17的巨额订单。波音公司从一个紧巴巴的穷人一下子升为了拥有5万架订单的富翁！

"波音公司疯了吧，他们不可能在短时间完成任务。"西雅图的一名记者说道。

"就算是变魔术，也不可能一下子完成这么多架飞机啊。"另一位记者议论道。

在一片片质疑声中，波音公司显得那么淡定与自信。他们坚信没有什么是不可能做到的。因为波音公司已历经太多的风雨，它经历过无米下锅的悲哀，难道还怕有米吃撑死吗？只要不放弃，只要相信自己，他们一定可以创造奇迹！

奇迹真的出现了！那是历史上飞机制造业的最高速度！

波音不仅仅在规定时间内完成了任务，还超出了预计。他们战时平均三天就能生产出以往一年时间生产出的飞机，在生产高峰期，甚至每月有400架B-17顺利出厂。这简直就是航空制造史上的传奇。波音公司到底是怎样做到的呢？它又有着怎

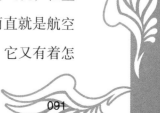

样的生产秘诀?

人们常说,"信念是改变一个人最佳的利器。它可以使人发挥出强大的潜力,你开始变得强大到不认识自己。"而波音人正是凭借着这股不服输,必须完成任务的信念,激发了波音工人们无限的创造力。

这里面还有一个重要的秘诀,就是波音公司首次引用汽车生产的流水线方法。克莱尔·艾格维特与菲尔·强森在汽车生产制造业中得到灵感,他们认为规范的流水线作业可以提高效率。波音公司告别了最古老传统的车床分散作业的建造方式,开辟了先进的流水线工业生产阶段。

由于大量的B-17投入战场,巨大的空中堡垒对德国、日本法西斯分子展开了凶猛的轰炸,炸得法西斯邪恶分子们闻风丧胆,最终投降。

波音B-17是加快反法西斯战争胜利的功臣,它就像一剂催化剂,加快了二战的结束。而B-17在它战功显赫的同时,也付出了沉重的代价,战争中有超过1/3的B-17被敌人击落,飞行员更是死伤无数。甚至能返回美方机场的飞机身上都带着成百上千个弹孔!B-17在战争中勇敢地作战着,有幸回来的也是伤痕累累。而如今只有屈指可数的B-17留了下来,其他的"空中堡垒"都在战争中奉献给了世界和平。

波音公司因为创造了一个个技术神话和数字神话形象越发高大起来,"波音"几乎成了飞行的代名词。

第三节　简陋不一定简单

驾驶起来特别舒适！

——盖·汤桑德

虽然在波音人的眼里B-47已经很完美了，但当时的美国战略空军司令勒米将军却并不满意，在他的脑海里，B-47应该是一架更巨大的飞机，他希望这款飞机飞得更远、更快，性能更加卓越。

勒米将军把他的意思传达给波音公司后，比尔·阿伦就带着他的设计精英们走进了会议室。

"先生们！军方需要比B-47更棒的飞机。我们要立即开始设计！"

1948年10月21日，这一天波音发生了一个传奇一样的故事。

当时斯切列接到波音总部关于设计一架比B-47更棒的飞机的指令后，立即给威尔斯打了电话，告诉他马上来到代顿市的凡·克丽芙饭店见面。威尔斯风风火火地赶来了，他与斯切列设计小组在这里共同商议新型飞机的研制计划。

当时的工具真的太简陋了，只有斯切列带来的一把雕刻

刀、一些简单的木头料子和几瓶粘合剂。可就是在这样落后的条件下，这帮设计天才们居然仅用了一夜时间，就把新型飞机——B-52设计了出来！

那个晚上，只见一群怀揣蓝天梦想的男人们聚成一团，他们不断地在纸上涂画着，更改着，并低声交流着彼此的想法。斯切列负责绘出飞机的模型，威尔逊负责雕刻机身并在纸上画出飞机的外形图。而设计小组的布鲁孟校和卡尔则负责计算出B-52的重量、大小、航程等。

等到天蒙蒙亮时，一缕阳光从窗外照到屋内的桌面上，一架栩栩如生的飞机模型静立在那里，显得那样威武夺目。这就是波音公司最为传奇的一夜。后来的B-52完全是依据这一晚的设计生产的，翱翔在蓝天上的B-52，几乎和这架一夜之间做出来的飞机模型一模一样！

在B-52试飞那天，当它威武的身姿和流线型的漂亮机身出现在人们眼前时，所有人都惊呆了。因为它简直太大了。像一头巨兽盘卧在大地中央！B-52翼长达57米，共有8台发动机，重量居然达到了B-47的两倍，飞行高度为5万英尺。试飞员此时的心里有些害怕了，他看着这庞然大物，不知道是否可以安全地驾驭它。

但是试飞结果竟然非常顺利！可以说是波音生产飞机有史以来最为顺利的一次。

"它真是太棒了！我相信所有的飞行员都将爱上这座飞行堡垒，它的设计非常完美！驾驶起来特别舒适！"试飞员盖·汤桑德走下飞机兴奋地说道。

B-52的试飞非常成功，但是不久，意外还是发生了。在一次军方驾驶B-52空中堡垒执行任务时，B-52突然因为漏油发生了爆炸，驾驶员被炸成了灰烬。军方非常愤怒！立即对B-52进行了封杀，要求所有的B-52停飞。他们认为B-52有严重的质量问题，这样下去他们该损失多少优秀的驾驶员啊！

比尔·阿伦接到封杀消息后立即带着他的专家小组赶到了事故现场，对事故发生原因进行勘测。波音公司的命运真是一波三折，从来都没有过顺风顺水的时候。

经过一系列的排查，原来B-52漏油的原因是飞机温度超过425摄氏度时零件熔化引起的。正是零件熔化使飞机内的温度升高，从而引发了汽油爆炸。问题出在气压系统的一个橡皮管子上，它经受不了高温，很容易熔化，从而就导致出现汽油泄漏这种危机状况。

"这真是血的教训，这个问题太严重了！"威尔逊沉重地说道。事故的原因找到后，威尔逊就把自己关在了实验室里，他实在不能容忍亲手制造的飞机存在这样严重的质量问题，他要尽快找到可以耐高温的管子来替代原来的橡胶管。

可是要去哪里找这种高温下不会熔化也不会破裂的管子呢。威尔逊觉得自己要急得抓狂了。

"为什么我不能自己制作这样个管子呢？这么符合要求的管子只有自己才能造出来啊！"突然威尔逊想到。

说干就干，威尔逊立马找来最适合的材料和一批技术人员

开始做起了合成实验，"伙计们！大家加把劲儿，我们的目标是最抗高温防爆的管子！我知道大家都是设计飞机的，但是，哪里需要我们，我们不就得去哪里吗，对吧！加油吧，伙计们!"威尔逊大着嗓门在实验室喊着。

一天过后，公司的行政管理者找到了威尔逊，并要求他立即停止生产："威尔逊，你必须知道，工厂有着明文规定，实验室是不能制造任何正式使用的产品的。"

"让规定见鬼去吧！我是绝对不会停工的！你可知道现在波音飞机已经被封杀了，还弄什么破规定！"威尔逊粗着脖子骂道，他的大嗓门直接把这位行政主管惊得哑口无言。

合成的胶管终于生产出来了，经过各方面的检验，完全符合质量要求。威尔逊的脸上终于露出了灿烂的笑容。要知道，波音公司已经很多天都阴云密布了。这些天威尔逊的大骂声和愤怒声时时在公司响起，今天波音公司的上空终于阳光灿烂。

B-52所有的气压系统都被换上这种新研制成的合成管子，B-52可以安全地翱翔于蓝天了。军方的封杀令终于撤销。波音又一次历经磨难，最终在所有波音斗士的努力下，走出了困境！

后来的几十年，波音的天才们不断地对B-52进行改进，并推出了A.B.C.D.E.F.G.H八种机型。波音一共生产了744架B-52重型轰炸机，在海湾战争中，美国空军驾驶着B-52对伊拉克军队进行了一系列的轰炸，"波音"成了一个恐怖的空中杀手。

有时候，我们没有办法品评战争的性质，我们需要和平，但是抛开这些难以言说的复杂因素，单纯地看波音公司的发展，我们不得不承认的就是波音公司才是最伟大的斗士，那种屡败屡战的勇气让人们不能不为之动容。

第四节　餐桌上的五万美元

我们应该建造飞机厂，然后在那里有很多飞机起飞，但是人们不是去打仗，而是坐飞机去旅行。

——威廉·爱德华·波音

从威廉·爱德华·波音开始，发展民用客机一直是波音王国的梦想。很早以前，威廉·波音先生就提出，波音的未来在民航。比尔·阿伦上任后，他突然想起了威廉·波音还在公司时和他谈起过的蓝图："我们应该建造飞机厂，然后在那里有很多飞机起飞，但是人们不是去打仗，而是坐飞机去旅行。"

在当时那个年代，威廉·爱德华·波音的思想是非常先进的，当时连载人飞机都没有的情况下，他就预测出了世界航空业未来发展趋向，他确实是一位伟大的航空专家。

比尔·阿伦决定替威廉·爱德华·波音先生完成他的帝国

蓝图。在开发出B-17后，比尔·阿伦并没有放弃对波音民航客机的研制，并同步开发出了314型飞机，而后又着手开发了307型飞机，波音307甚至被誉为航空史的一首史诗。

比尔·阿伦所奉行的经营理念就是："军用、民航两手都要抓，而且两手都要狠。"

在空中堡垒取得重大成功后，他开始把波音的力量全心全意投入到民用航线市场。为波音开辟一条民航历史的新道路。

1934年，美国的泛美公司向包括波音公司在内的7家航空工业公司宣布：泛美公司需要一架最好的飞机！

"谁的飞机设计最令我们满意，民航客机的订单就会降临在谁的头上。"泛美公司这样说。比尔·阿伦敏锐地看出这是波音公司民航客机发展的最佳机会。

随着和平时代的到来，当时的泛美航空公司非常想要一架能够远途飞行的水上客机，这关系到它开发新航线成功与否。这是一条从美国西海岸到中国的新航线，主要经过夏威夷、中途岛、马尼拉、香港。泛美为了得到最适合的飞机设计，不惜拿出了5万美元作为高额奖金。泛美放出话："哪家公司能够拿到最佳的设计图，5万美金就是哪家公司的！"

一时间，这5万美金成了老虎嘴边的肥肉，想要的人多，敢抢下来的却没几个。而波音公司这时候正在忙于研制B-17，虽然想撒开手去做这个设计，却是分心无力啊。比尔·阿伦对此事非常着急，但是他知道B-17不能在这个节骨眼出任何差池，所以公司从上到下都全力投入到了B-17的工作中，希望快点完成军方的订单，好去抢这块"民航肥肉"。

威尔伍德·比尔是位年轻的飞机设计师。他毕业于格林汉航空研究所。他才华横溢，和别的航空工程师不一样的是，在他的身上随处可见法国浪漫绅士的影子。

一天清晨，威尔伍德·比尔紧张兮兮地来到了克莱尔·艾格维特的办公室。"比尔，你有什么事儿吗？是关于B-17的吧。"克莱尔·艾格维特亲切地问道。

"哦，不是的。克莱尔先生，我想给你看样东西。"比尔甚至有些害羞地拿出放在身后的一张图纸。这张图纸看起来真不怎么样，甚至沾着油渍！

克莱尔·艾格维特感到非常好奇，他接过图纸认真地看了起来。"天啊，我的上帝。这不正是泛美要求的飞机吗！这真是太棒了！"克莱尔简直不相信自己的眼睛，前一秒还愁得无从下手的民航客机，下一秒居然出现在自己眼前。

"比尔，我真是为你感到惊叹，你是哪来的时间设计的它呢？我明明看你为B-17忙得不可开交。"克莱尔觉得比尔太神奇了，难道他有分身术吗？

"我是今早吃饭时在餐桌上画出来的。"比尔不好意思地捏着衣服的一角，因为他知道这张图纸太脏了。

"哈哈，比尔，你真是波音的福星！这5万美元居然这样轻松地就被你用一顿饭的功夫拿走了！"克莱尔·艾格维特相信其他航空公司一定会被气歪了鼻子。

相信很多人都好奇这究竟是怎样的一架飞机呢？而泛美为

何又觉得"非它莫属"呢?

当时的泛美公司看到了战后民航市场发展的前景,它认为人们可以坐着飞机去远方旅行。因此这时候飞机不仅仅要求航程远,更重要的一个概念被提出了。泛美需要的是一架世界上最豪华最舒适的飞机。泛美要让乘坐过他们飞机的旅客都感到终身难忘。

威尔伍德·比尔的设计恰恰把这个概念诠释得完美无缺。这架巨大的飞机客舱里有5个沙发休闲舱、一个酒吧和一个大型娱乐室,能提供40名旅客的铺位。乘客可以坐在铺着亚麻桌布的桌子前,用银刀叉享用陶瓷和水晶餐具中的美味佳肴。更令人意想不到的是,比尔在飞机上居然设计出了一套新婚套房!这真是世界上最美妙的洞房了。整个房间都是浪漫温馨的粉色,所有的家具都被设计成了心型。房间内还摆满了红色的玫瑰。

这就是后来的波音314型飞机,它安装了4台1500马力的14缸怀特GR-2600双转缸发动机,最大航程为4900英里,整个机舱异常豪华舒适。

"天啊,这正是我最想要的飞机!如果我还没结婚的话,我一定要在这架飞机上度过新婚之夜。"当波音314出现在泛美眼前时,泛美总裁简直激动得说不出话来。

后来,泛美为这架飞机大做广告,其中最为经典的一句就是:"令人神往的空中爱巢,令您终身难忘。"泛美也因波音314吸引了大批的乘客,取得了新航线的成功。

Boeing

第五章　不死鸟的神话

Boeing

第一节　危险的大鸟

成功的秘诀，在永不改变既定的目的。

——卢梭

波音314虽然获得了大家的喜爱，但是随着航空技术的进步，水上飞机很快就被淘汰了，陆上飞机被推上了历史的舞台。

波音公司顺应历史潮流，又紧锣密鼓地开始了波音307飞机的研制工作。

克莱尔·艾格维特认为，飞机应该不仅仅局限于在对流层飞行。对流层容易受到天气的制约，经常有狂风暴雨，如果飞机进入气流平稳的平流层，飞机将飞得更稳、更安全！

这一构想被提出后，波音公司就开始想尽办法研发能够进入平流层的飞机。

鲍尔·狄更斯是波音非常出色的航空工程师，在波音307的设计中，他被分配负责压力舱的设计。"压力舱"的诞生可以说是航空史上一个重大的创新，因为有了"压力舱"，飞机就能够穿越对流层，进入平流层翱翔。其实"压力舱"这一设计理念并不是波音公司第一个提出来的，但是波音公司最大的

特点就是不会放走身边任何一个创新的航空科技。波音公司是第一个把"压力舱"安装在飞机上的公司。因此超高空客机诞生了。

鲍尔·狄更斯的工作并不是很顺利。当时他有一个非常头疼的问题不知道该怎么解决——虽然压力舱安装在飞机上了，但是要怎样才能够更好地密封压力舱呢？人们都知道修理工在给自行车补胎后，是怎样检查车胎漏不漏气的：就是用肥皂水刷在补胎的地方，如果有气泡出来就说明没有补牢，还是有漏气存在的；如果没有气泡出现，就是补好了。当时鲍尔·狄更斯就是用这样简单的办法来检验加压舱是否密封的！

可是飞机与自行车不可同日而语，是来不得半点懈怠的。当年的B-52虽说是在简陋的设计条件下诞生的，可那只是一架飞机模型，而现在的波音307是货真价实的真飞机，任何一个环节有半点的疏漏都会造成不可挽回的损失。这是多么危险的试验啊！

波音307的诞生过程和以往的飞机一样充满了不幸与灾难。

比尔·阿伦甚至曾说过："波音公司的每一架飞机都是波音人的励志史，因为每一架飞机都承载了我们无法预知的灾难，又承载了我们血与泪的奋斗历程。"

波音307试飞当天，飞机刚翱翔到蓝天上，就突然像一只无力的风筝，斜斜歪歪地从高空中坠落了！当时飞机上有4名工程师与一名飞行员朱力亚·巴尔，都未能幸免。朱力亚·巴尔曾经到过中国执行任务，并且给蒋介石驾驶过飞机。这一批优秀的航天精英们，他们为了波音航空业的未来，奉献了宝贵的生命。

克莱尔·艾格维特与比尔·阿伦再一次感觉到了彻骨的疼痛。波音的飞机和波音的员工都像他们的孩子一样，试问谁能够总是眼睁睁地看着自己的孩子一次次离去。

克莱尔·艾格维特很快对事故进行了调查。他发现问题出现在密封压力舱上，确切地说是波音公司的这种飞机检测系统太过简陋！原始的检测方法无法预测出飞机在高空出现的种种状况，只有随着事故的不断发生，才能一一改进。

克莱尔·艾格维特与他的设计小组对波音307进行了改进，本以为这下可以风平浪静了，可是更大的危机却悄悄靠近了波音。

美国世界航空公司在波音307改进后，向波音抛出了橄榄枝，他们欣喜地购买了波音307后开始准备试飞。

那一天，科多拉多州的天空万里无云，阳光灿烂。

驾驶员驾驶着307冲上了高空，却不料突然天气巨变，波音307像吸铁石一样把乌云一瞬间吸了过来。波音307一下子就被乌云笼罩了。随后一阵强烈的暴风雨袭来！接着老天像变脸一样又下起了冰雹！高空中的气温骤然降到了零摄氏度以下，无数的冰雹与雨雪拍打在307身上。

"天啊，这是怎么了。怎么办？307会挺过去吗？"在乌云的笼罩下人们看不清飞机的情况，只能看到漫天飞舞的冰雹

与雪花，天空像极了一只张开大嘴的怪兽，把一切都吸了进去！

危险突然出现！飞机因为气温骤降，4个化油器全部结冰了，很快引擎就熄了火。波音307像一只断了翅膀的大鸟在空中不断地挣扎后开始向地面坠落。而就在这紧要的关头，驾驶员欧提斯·霍恩发现了前方有一小块平地，而平地前方就是万丈深渊！强烈的求生意志使霍恩不知道哪里来的力气，他在飞机坠入深渊的前一刻，奋力摆动驾驶方向柄，307"轰"的一声扑向了那仅有的小小平地。

飞机落地后，由于巨大的震动，两边的翅膀折断了，而舱门也深深地插在了泥土里。幸运的是飞机并没有发生爆炸，因为引擎都冻住了。救援飞机赶紧飞了过去。当救援人员降落后他们吃惊地发现，波音307离悬崖边仅仅不到200英尺的距离，而且摇摇欲坠。飞机上14名随机人员被救了出来，当他们的双脚再次踩在土地上时，才知道度过了危机。可是当他们回过头看身边的万丈深渊时，都吓得双腿颤抖！

这次飞行事故的发生，使波音307被喻为"危险大鸟"，因此波音307从设计出来到现在，只卖出了38架。

尽管307历经磨难，并且没有达到大批量的生产和销售。但是它仍然被认为是当时最先进的客机。因为它是世界上第一架使用完全加压舱的客运飞机。它成功地使飞机进入平流层，在世界航空史上具有重大的意义。当时307的飞行高度可以比普通不使用加压舱的客机高20000英尺，被人们称为"飞行在天气之上的飞机"。

第二节　不要第一，只要最好

> 没有经历过逆境的人不知道自己的力量。
>
> ——琼森

　　波音公司虽然生产出了技术含量很高的波音307，虽然历经磨难，波音307最终却以38架的销售量惨淡收场。还好，波音公司就像一只不死鸟，终于，在苦苦耕耘下，迎来了收获的喜悦，波音707诞生了！波音707意味着波音从此打开了喷气客机时代的大门，而波音707就像是平流层里最耀眼的太阳，光芒万丈。

　　1950年的秋天，英国伦敦正在举行两年一度的法波若航空展。在这之前，空中客车公司就曾向媒体透露"在此将揭秘一项足以令世界震惊的发明"。

　　此消息发表后，引来了全世界航天人士的关注，他们都想知道，到底何为"令世界震惊的发明"。

　　世界各大航空公司的精英们以及政治人物，还有各媒体记者们都早早地来到了伦敦空展的现场。当时董事长比尔·阿伦与他的"前卫设计小组"的负责人梅纳德·彭纳尔肯代表波音公司出席了这次令人期待已久的盛会。

会场上，突然一架银白色的巨型飞机从上空呼啸而过，它像只银白色的大鸟展开美丽的翅膀，一瞬间就消失在了人们的视线里。正当人们议论纷纷还想再仰视它的英姿时，这只美丽的大鸟在秋日阳光下闪着金色的光芒，又朝着飞机跑道俯冲而来，会场上的人们随之兴奋地尖叫，它就像一颗闪闪发光的流星坠落凡间，最终以完美的姿势降落在了会场的跑道上。

它就是世界上第一架大型喷气客机——哈雷彗星号。

它的出现可谓是惊艳绝伦。空中客车公司为他们第一架大型喷气客机取名"哈雷彗星"，寓意就是哈雷彗星正如70年才降临地球一样珍贵耀眼。但是在中国人的字典里，哈雷彗星可是灾难的象征，是不祥之兆。

当时比尔·阿伦及他的伙伴们看到这横空出世的第一架大型喷气客机后，心里都很不是滋味，哈雷彗星可是让空客出尽了风头。

"波音的未来就应该生产这种大型喷气客机！为什么我们没先生产出来呢？我们应该开始研制喷气大客机了。"波音公司的领导者们陷入了沉思。

波音的工程师们心里像长草一样，都跃跃欲试，没想到这一想法却遭到了比尔的反对。

"不行，研制大型喷气飞机再等等吧。要记住307的教训！"比尔严肃地说道。

是啊，波音研制307这架平流层飞机已经花费了公司很多钱，而那仅仅两位数的销售量使波音公司赔得很惨，比尔·阿伦不能盲目地开发新项目，因为他是公司的领路人，稍有不慎，把波音领入歧途的话，那他就是千古罪人，他想仔细考虑后再做决定。

"你认为我们真的能造一架比'哈雷彗星'更棒的飞机吗？"比尔·阿伦犹豫着问设计师彭纳尔。

"能！而且要比哈雷彗星好很多倍！"彭纳尔一边回答一边飞速地从上衣兜里掏出一张折叠好的图纸递给了比尔。

"天啊，这是什么时候设计的？"比尔惊呆了，原来彭纳尔递给比尔的居然真是一架比哈雷彗星更好的飞机的设计图纸。

"彭纳尔，你真是让我意外！我宣布这个计划可行！我们凭借这款飞机足以打败空中客车！"比尔兴奋地说着。

其实早在1949年时，彭纳尔就见过"哈雷彗星号"了，当时他就被这种巨型喷气飞机深深地迷住，所以他一直在暗暗地进行喷气客机的研究，辛勤的努力等待的就是这一刻。

1952年4月24日，比尔召开了一次对波音具有重大意义的董事会议，他宣布波音公司正式实施波音707计划。

"民用航空市场才是波音未来立足的根本！我们要全力发展大型喷气式客机。哪怕倾家荡产也要成功！"比尔·阿伦在会议上说道。

生产707确实是存在风险的，当时制造一架707飞机最低也要投入1500万美元。当会计主任把这个数字报给董事会上所有成员时，众人都被这个巨大的数额惊吓到了。要知道，这就像一场赌博——赌赢了，波音公司将步入民航客机的辉煌时代；赌输了，就意味着波音公司将陷入经济危机并且很难翻身。

比尔·阿伦做事情非常谨慎与周密，其实早在董事会召开前，他就单独找波音公司的所有主管和工程师面谈过了。他要知道大家是怎么想这件事情的，要知道这件事情的胜算到底有多大，结果波音上下的每一个人都同意707计划。大家在此次会议上对707飞机的设计思路与市场前景做了热烈的讨论，比尔还是和以往一样，拿着他的记事本，飞快地记录着，并时不时微笑点头，表示认同。

"财政小组，你们抽时间给普拉特引擎公司打个电话，问问他们是否可以给我们提供免费的引擎，或者先借一笔钱给我们？"比尔停下笔问道。

"比尔先生，我们已经通过电话了，资金方面没有问题，普拉特答应赞助我们！"财政小组的组长站起来答道。

"太棒了，那我宣布，新的喷气客机707计划正式启动！"比尔充满激情的声音感染了波音的每一位员工，他们坚信波音707就在不远的前方向他们招手。

波音707的研发小组成立了，取名为前卫设计小组，负责人就是彭纳尔。

其实，当时的大型喷气客机还存在着许多缺陷。虽然空中客车是第一个生产出喷气客机的，但是哈雷彗星号的外形偏小，载客量还不足40人，而当时苏联人开发出来的喷气客机

TU-104，承载量虽然大于哈雷彗星号，达到100人，但是它的速度真是不敢恭维，因此大型喷气客机的潜在优势并没有被挖掘出来，而这一切都给波音公司莫大的鼓舞。波音公司认为他们即将研制的707虽然不是第一架大型喷气客机，但一定是最好的！

而只有最好的才能占领市场的最高点！

第三节　不能做哈雷彗星

那段日子我感觉我的耳朵都快失聪了，无论我是否在 B-47 的噪音旁，我都能听到巨大无比的噪音在耳边响起，就像一群马蜂在我的耳朵上筑了巢一样。

——彭纳尔

波音707的研制过程可谓是苦难重重，问题一个接着一个出现。和原型机就是B-47一样，它采用了B-47后掠式35度角的设计。它们还有着同样大得惊人的外形。可以说波音707就是波音B-47军用飞机的华丽变身，经过改良后成为了一架超级民用飞机。

波音707的引擎是"豆荚式"的，这种引擎可以使飞机的

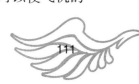

载客量达到100人以上，而这正是波音研制707遇到的第一个难题。当时就有人质疑道："飞机承载这么多人，要知道这可是100多条人命，如果出事的话，波音公司能承担得起100多条人命的责任吗？"

这使比尔·阿伦非常纠结。他知道707的一大优势就是巨大的载客量。可能是之前有过太多血一般的教训，比尔还是谨慎些吧。他一想到100人同时葬身蓝天这个场景，就禁不住不安起来。

所以波音707遇到的第一个难题是自己给自己设置的，最终波音公司妥协在自己的担忧下，把707的体型改小了一些，但是在当时，它仍然是最大的喷气飞机。

707的第二个问题就是噪音问题，由于波音707的前身是B-47，而军用飞机的噪音真是令人听之头痛。作战的军人们可以忍受，但是民航的旅客们却不行，如果乘坐707的旅客听到这震耳欲聋的噪音，相信波音707很快就会被市场淘汰掉，更何况机场附近的居民们也受不了天空中轰鸣的巨响，这绝对是赤裸裸的扰民啊！

"怎样才能消除噪音呢？"这成了前卫设计小组的头头彭纳尔天天挂在嘴边的一句话。为了解决这个难题，他天天钻到飞机里去听B-47那震耳欲聋的噪音，然后再跑出来思索解决的办法。

"那段日子我感觉耳朵都快失聪了，无论是否在B-47的噪音旁，我都能听到巨大无比的噪音在耳边响起，就像一群马蜂在我的耳朵上筑了巢一样。"彭纳尔后来回忆道。

辛勤的耕耘终会有收获。经历了无数次的实验后，彭纳尔发明出了一个收集噪音的装置，只要把它安装在引擎上，噪音就像是戛然而止的音乐，消失在了"音乐匣子"里。

波音707的重量惊人，居然有95吨，这就是波音707的第三个难题。95吨重的"大胖鸟"要怎样才能安全地降落在跑道上啊！这真是太难了！

波音707的降落速度非常快，这是很难平稳降落在跑道上的。那时候只有军用飞机才那么重，可是军用飞机只要在降落时打开尾巴上的降落伞，就可以减速降落。可民用飞机不行，要是民用飞机上的百十号人也靠这个大伞减速降落，那可真是拿这么多生命在开玩笑。

波音的工程师们各个开动脑筋，终于想到了一个好点子，他们在小孩玩的风车中找到了灵感。大家都知道，小孩在玩风车时，用嘴鼓起腮帮子往风车的一边使劲一吹，风车就飞速地转了起来，而这时若是突然转向另一边使劲一吹，风车就会突然减速或停顿一下，再转起来。波音的工程师们正是运用这种反向的推动力来减慢飞机降落的速度，从而实现安全降落。他们把发明的这个装置装在飞机里，在飞机降落时进行逆向运转，波音707的降落问题成功解决了。

真是一波未平一波又起，波音的工程师们还没来得及歇口气，航空当局就又提出了一个棘手的安全问题。他们要求波音707必须进行"鸟撞实验"。所谓鸟撞实验就是用一只时速达

到500英里的鸟飞速撞向飞机，如果飞机能够抵挡住这种"空中杀手"的破坏力的话，就是安全的。

当然，世界上并没有飞得那么快的鸟，只是因为一只可爱的小鸟与高速飞行的飞机相撞时，鸟的速度就变成了飞机的速度，而这只可爱小鸟瞬间就有了超级炸弹的威力。

实验时就是用一架大炮射出一只死鸟，撞击在驾驶舱的玻璃上，为了解决这个难题，彭纳尔给波音707穿上了"防弹衣"，他给驾驶舱的玻璃加了个夹层，然后又在两层玻璃之间涂上了一层名叫"乙烯基"的化学物。再用高温把两层玻璃熔合在一起。这样，穿了防弹衣的飞机就再也不怕可爱小鸟的爆发力了。

其实，波音707所遇到的问题远远不止这些。而波音的工程师们就像是神奇的孙悟空，具有72般本事，把这些难题一一解决了。

正当波音707排除万难，开始最后的组装时，一个惊天新闻传来。

1954年1月10日那天，一架英国航空公司的"哈雷彗星号"飞机在地中海上空27000英尺的高空爆炸了。所有的旅客连同飞机全部被炸成了碎片。

就在英国皇家海军还未打捞到"哈雷彗星号"的残骸时，又一噩耗传来，另一架从罗马飞往开罗的"哈雷彗星号"飞机也在高空爆炸！多少条生命都葬送在了蓝天之中。

"哈雷彗星"终是应了中国不祥的代名词，中国人认为的不祥之兆并没有在英国被改变。

很快，飞机爆炸的原因就调查出来了，由于"哈雷彗星"在设计时为了减少飞机重量，而它的工程师只图这一结果却没有考虑安全问题，使用了强度不够的金属。"哈雷彗星号"的机身下方有一个作为加压和减压的排气孔，这个孔的闸门因使用了这种不结实的金属导致金属疲劳破裂。刚开始的时候，裂口可能只是一点点，但是有了这一点点的口子，飞机就像被烧着的房间一样，最终一发不可收拾，整个机身都被撕裂开。

有多少生命就这样再也回不来了，"哈雷彗星号"最终以被停飞的命运退出航空历史的舞台。

这使曾风光一时的英国难堪至极，而血与泪的教训使波音人想起了他们曾经出过事故的飞机，这让比尔·阿伦的内心沉重无比。他不想这样的悲剧再发生在波音707身上，于是他要求工程师们全力排查707的安全隐患，强化了飞机所有金属架构。

这就是波音人的危机意识，正如比尔·阿伦曾说过的：

"一家公司最大的危机就是没有危机意识。"

在这方面，波音公司做得很出色。

第四节　钢刀下全身而退

> 比尔，这简直就是奇迹，当年的梦想终
> 于都实现了！我真的很高兴我能在有生之年
> 见到这一切！
>
> ——威廉·爱德华·波音

1954年5月15日，那一天西雅图的上空仿佛闪着金色的光芒，波音迎来了最为激动人心的时刻，当波音707撩开神秘的面纱出现在人们眼前时，有一位头发花白的老人激动得潸然泪下。

他就是波音王国的创始人——威廉·爱德华·波音先生，此时他已经72岁高龄了，他望着这位刚出现的"新娘"707，久久不能回神。

时光飞逝，已经38年过去了。威廉·爱德华·波音自从当年离开波音后，就再也没回来过。而这次是比尔·阿伦把老波音请来的，比尔·阿伦实现了威廉·爱德华·波音心中的蓝图，比尔希望威廉·爱德华·波音先生可以和他共同见证历史性的今天。

"比尔，这简直就是奇迹，当年的梦想终于都实现了！我真的很高兴能在有生之年见到这一切！"威廉·爱德华·波音泪流满面地说道。

比尔·阿伦也激动得热泪盈眶，他紧紧地握着老波音的手，一切都在不言中。

还记得38年前威廉·爱德华·波音造出来的第一架飞机"蓝色比尔"吗？威廉·爱德华·波音简直不舍得眨一下眼睛，跟眼前的波音707相比，"蓝色比尔"就像孩子的玩具，而眼前这架只曾出现在老波音梦里的飞机，真的诞生在他曾一手创造的波音公司了。

威廉·爱德华·波音虽然人离开了波音公司，但是他的晚年都是在思念中度过的。他把心遗落在了波音公司，他把灵魂安放在了蓝天之上，这一刻，他非常自豪，因为他永远是波音人，波音公司终于实现了他一生的梦想！

"夫人，请您为波音公司未来的飞机命名。"比尔擦干脸上的泪水，尊敬地走到威廉·爱德华·波音的夫人贝拉身边说道。

贝拉眼里噙着感动的泪水，一步一步地向707走去，在阳光的照射下，波音707是那么的美，它漂亮的机身闪着金灿灿的色泽，使波音707身上的"Boeing"字样也闪闪发光。她手里拿过一瓶香槟酒，朝着707的机身敲去，一时间酒花飞扬，人们欢呼而起！

"祝福你，明日的飞机——波音飞机！"贝拉忘情地说道。

波音707就在人们的欢呼声中，张开梦想的翅膀，翱翔于蓝天……

波音707出厂典礼后，比尔安排大家来到广场中央，请大家看一部电影。

当时的宾客们有各大航空公司的代表，还有军方代表、媒体记者与航空工业的众多人士，各方人士齐聚一堂，大家都很好奇地讨论着波音公司要请大家看什么电影。

影片在阵阵议论声中开始了，出现在大屏幕上的是一架普通加压客机。它被放在一个圆形的台子上，而机身的上方居然悬挂着两把大钢刀！

"这是什么电影啊，为什么要挂钢刀呢？"人群中不断有人小声地疑惑问到。

只见突然钢刀向下落去，狠狠地刺向下面的飞机！很快飞机的表面刺出了一个又一个大洞，随着钢刀的不断落下，大洞开始撕裂，飞机的金属表面开始变得面目全非！机舱内的假人和座舱、物品等一切露了出来，并随着强大的爆炸力瞬间支离破碎地向外飞去。

"天啊，太可怕了！怎么会这个样子！"观众们无不吓得面目惨白，连连惊呼！

"我的上帝！哦，我的上帝！"

紧接着画面一转，出现了波音的707飞机，它的窗户明显和之前的飞机不同，是圆圆的形状。这种形状的窗户可以均匀地承受机内的压力。而后镜头慢慢拉近与波音707的距离，观众们看到波音707的机身很厚，它的金属片被无限放大，机身被肋骨式的钢片横向环绕，而纵向还被许多钢条固定着。

这时候波音707的头上突然出现了5把比刚才更大的钢刀一齐向707刺了下来！

"哦，不，天啊这是要干什么！"一位航空公司的董事长禁不住喊出声来，他实在不忍心再看到之前的惨状。

很快，钢刀把707的身上刺了5个大洞，机内的高压气体开始疯狂地往外涌着。机身的金属片慢慢开始撕裂，但是撕裂到纵横的金属钢片时就撕不动了。钢条居然安然无恙！而这时，飞机内的警报声响起，飞机内"乘客"的头上立即有氧气罩自动落下，保证乘客不会因缺氧而出现生命危机，乘客们一个个毫发无损的坐在他们的座位上。

一瞬间灯光亮了起来，电影结束了！在场的观众们都激动地站了起来！现场响起了雷鸣般的掌声！人们久久地沉浸在刚才"重生的喜悦与震撼中"！

第二天，媒体对波音707周密的自救与防范的报道如同雪花般铺天盖地地传来。

人们都称波音707是最安全的飞机！

一时间707名声大噪！

第五节　你满意，我就做

> 我们的优势在于顾客需要什么样的飞机，
> 我们就造什么样子的飞机。
>
> ——比尔·阿伦

波音707一问世，就面临着航空市场上的激烈竞争。当时波音最大的对手就是美国航空公司的老大道格拉斯公司。因此，波音公司开始使出全身解数，要与道格拉斯一争高下。

但是很快，波音的缺点就暴露了出来，尽管当时道格拉斯的大型喷气飞机还停留在图纸上，但是他们已经有一套非常完善的营销系统了。它们甚至在宣传片中高声大喊："只要再等一下，您就可以拥有最棒的飞机！"可以说这无疑给许多航空公司以致命的吸引力。

而当时的波音公司相比之下就有些捉襟见肘了。因为波音缺乏一个完整的民用飞机销售系统，那么波音公司要怎样打这一场争夺战呢？

"我们的优势在于顾客需要什么样的飞机，我们就造什么样子的飞机。"比尔·阿伦说道。

当时道格拉斯最适合和波音707竞争的是DC-8型飞机。该飞机较波音707大了一些，这样它的载客量就高于波音707，哪架飞机能够提供更多的座位，哪家公司就会给航空公司增加更多的利润。因此，在道格拉斯推销员的煽动下，当时很多航空公司对道格拉斯的飞机更感兴趣。

这可愁坏了波音的总裁比尔·阿伦，他甚至不惜花大价钱给波音707美容。波音公司各个都是天才与艺术家，当联合航空公司的老板帕特·帕特森来参观美容后的707时，不禁惊叹道："这真是巧夺天工的室内装修设计。"707的飞机内部有温馨浪漫的壁纸、舒服的沙发座椅、优雅的灯光、晶莹剔透的水晶杯，甚至还为读者准备了护眼的阅读灯、人性化的叫人服务按钮等等，还有安全带、氧气罩、禁烟标志等一系列安全装置。

可是，帕特·帕森虽然非常喜欢波音707内部的装饰，但他还是选择了道格拉斯公司的DC-8型飞机。

"非常抱歉比尔，你要知道，我是多么的欣赏贵公司707飞机的细节处理。可惜它的座位没有DC-8多，座位多意味着我能赚更多的钱！这才是重点。"帕特诚恳地说道。

"或许，我们应该给波音707进行更改，顾客就是上帝。满足顾客需求的飞机才最有竞争力。"比尔·阿伦听后进行了深思。

联合航空公司的订单泡汤了，波音公司又开始忙着泛美航空公司的订单。在当时，泛美航空公司可是美国的龙头大哥，为了拿下这个巨头，比尔·阿伦甚至亲自带着波音公司设计小组这批精兵上了前线。

泛美之前订购的是"哈雷彗星号"这款飞机，但是由于"哈雷彗星号"被迫停飞，泛美立即取消了订单，他把视线投向了当时的波音707与道格拉斯的DC-8。

谈判在紧张的气氛下开始了。

"听说贵公司的波音707有一大缺点，就是它使用的是P&W的JT-3引擎，推动力不足13000磅对吗？这样的话它就无法飞越大西洋了。"泛美的负责人曲伯先声夺人地问道。

"是的，曲伯先生，但是波音707也有自己的优势，例如它的安全性能……"阿伦立即打开早已准备好的材料，向泛美详细地介绍起波音707的性能优势及成本。

"那你觉得你们想要卖多少飞机给我呢？"曲伯听后懒洋洋地问道。

"我想为贵公司准备150架飞机。"比尔一听心里暗暗高兴。这或许就是有谱了，但他还是非常谨慎，他思索了一下后说道。

"那价格呢？"曲伯轻描淡写地问道。

"每架428万美元。"比尔想到，150架已经是个大数额了，那么价格一定不能太高，那就给个批发价格吧，比尔报了个基价。

"嘿，比尔，你们可真是狮子大开口啊！"这时候曲伯突然哈哈大笑起来。

"那你的意思呢？"比尔知道情况不妙，但还是很淡定地

Let the dream fly

和创造世界名牌的人

一起放飞梦想

问道。

"这样吧，其他废话不说了。你可能不知道，我还约了道格拉斯父子在隔壁，他们的DC-8才390万美元一架。"曲伯不再笑了，突然一转态度，非常严肃地说道。

比尔的脑子飞速地运转着，他知道DC-8还停留在纸上，怎么可能具有精确的造价呢。这是曲伯并不诚心和波音合作，说白了，谈判开始提的那个问题一直是泛美最在意的。引擎的问题已然使波音707的价格失去竞争力！

"哦，好吧，曲伯，或许我们也可以是390万美元。"比尔左右衡量后做出了让步的决定，他想退一步海阔天空。

"好吧，这样你和道格拉斯不必再斗了，你们的飞机我都要了，我们要20架707，25架DC-8，就这样决定吧。"曲伯立即笑着说道。

比尔和波音精英小组一听到这个结果，都非常沮丧。争了半天，把价格压到最低，才勉强打成平手。最令人失望的是，20架的订单可比预期150架的订单少得多！

"其实，我觉得你们应该把波音707改得更大，这样它必是我们最需要的飞机。"曲伯看得出波音人非常失望，就建议性地提到。

谈判结束时最后的一句话深深地印在了比尔的心里。他知道要想让波音707在民航市场上独占鳌头，就必须给它做手术了！

回到西雅图后，比尔立即召开了紧急会议，他把修改波

音707的指令下达了出去。很快波音707-120型飞机出炉了。波音公司这款动过手术的飞机拥有当时最大的机身，远远超过了DC-8。

事实证明比尔的决策是正确的，正是由于他紧紧地抓住了客户的需求，并勇于在自己已有的飞机上"大动手脚"，才使波音公司获得了更多的市场与订单。

很快，美国航空公司提出要购买32架波音707-120，泛美也随之提出再订购一批波音707-120。波音公司又一次迎来了财源滚滚的春天，德国航空公司、法国航空公司、萨伯纳航空公司相继向波音707抛来了橄榄枝，波音公司的民用大型喷气客机市场终于完全打开了。

波音公司取得一定的市场占有率后，就更加履行比尔提出的准则："顾客就是上帝，顾客需要什么样的飞机我们就造什么样的飞机！"

在这之后，波音公司开辟了销售市场的一项重要改革，即VIP客户待遇。例如布忍尼夫航空公司，它主要经营的是南美航线，而南美航线的机场都在海拔很高的地方，因此对飞机的要求就是加大马力。于是波音公司专门为该公司量体裁衣，把波音707飞机的引擎换成了JT-4引擎，定制了波音707 220型飞机，来专门供这家公司使用。

波音此举动得到了各航空公司的高度认可。大家一致评价波音"造出了让顾客最满意的飞机"。

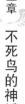

第六节　从空军一号到空中一号

> 你同我的握手是越过世界上最辽阔的海洋的握手。
>
> ——周恩来

"空军一号"是美国总统的专用飞机，一直以来都是美国的精神象征，是美国的图腾。美国总统布什曾这样评价过空军一号："这是我们国家一个伟大的象征，它让我想起了一种鸟——不死鸟。它就是传说中的凤凰，在危机中涅槃重生，我每次一看到它，就为我们的国家感到骄傲。"

空军一号就是不死鸟的化身，它作为美国总统的专用飞机，是何等的荣耀。如果哪家公司制造的飞机被选为空军一号，则标志着这家公司的飞机在质量与性能方面远远高于其他家的飞机。

试问世上有比总统选择的座机更好的飞机吗？这无疑成为了所有航空公司梦寐以求的活广告！

其实"空军一号"的命名还有一段鲜为人知的故事。肯尼思·瓦尔什在《空军一号：总统及其专机的历史》一书中披露："一次，艾森豪威尔总统乘坐代号为'鸽子二号'的空军

610专机出行。当天，一架拥有相同代号的东航商业飞机与总统专机同时进入一个空域，地面人员一时分不清楚，结果将总统专机与这架商业客机混淆。虽然只是虚惊一场，但为了安全起见，艾森豪威尔的飞行员威廉姆·德拉普当即决定给总统专机起一个响亮的名字——‘空军一号’。"

以前的"空军一号"，多为道格拉斯公司生产的飞机。罗斯福总统用的是DC-4，绰号为"神圣母牛"的飞机，而后杜鲁门入主白宫，总统专机"道格拉斯"DC-6型被称作"独立"号，以示对杜鲁门家乡的敬意。杜鲁门还让人给"独立号"涂上老鹰的图案，把飞机的前部涂成鹰嘴巴的模样，在机尾处涂成蓝色的羽毛。艾森豪威尔的总统专机则是洛克希德公司的"星座"飞机和"超星座"飞机，分别被称为"鸽子二号"和"鸽子三号"。

直到1959年5月12日，一架波音707-320型飞机成为了"空军一号"总统专机。

这是波音公司的飞机第一次被选为总统专机！

艾森豪威尔成为了第一位乘坐喷气式飞机出行的美国总统。他的专机是波音707，并为它起名为"奎尼"。也是在艾森豪威尔执政期间，"空军一号"首次被用于指代美国总统专机，从这时候开始，波音707就给白宫插上了翅膀，成为了不死鸟的化身。把美国总统安全地送往世界的各个角落，把美国精神带到了全世界。

而美国总统又是为何会选上波音707为总统专机呢？它又

是如何被后人誉为不死鸟的化身的呢？

1958年一个寒风瑟瑟的冬夜，泛美航空公司的波音707-120型飞机正在35000英尺的高空中飞往纽约。下面就是浩瀚无边的大西洋，飞机像一只大鸟一样在黑色的云层中穿梭……

"先生们女士们，大家晚上好！我是机长瓦尔多，欢迎大家乘坐泛美公司的本次航班。祝大家旅途愉快！"按照泛美公司的惯例，机长瓦尔多从驾驶舱走了出来，亲切地和旅客们打招呼。

"瓦尔多机长，您天天在高空中飞来飞去，难道不害怕吗？"一名戴着眼镜的女孩看起来第一次乘坐飞机，有些不安地问道。

"哈哈，我不害怕，我相信泛美选择的是最好的飞机。"瓦尔多露出和蔼的笑容走向女孩，他希望通过和大家聊天缓解乘客们的恐惧，而且还可以让乘客们对泛美公司存有好感，这样大家日后再次选择泛美的几率将大大提升。

"机长先生，我们现在飞多高了？"另一位剪着毛寸头的年轻小伙子笑呵呵地搭话。

"35000英尺。"瓦尔多回答。

"哦，我的上帝！我这辈子居然来过这么高的高空！"一位头发花白的老太太惊呼道。

"尊敬的老夫人，您的心脏真年轻！"瓦尔多轻松地朝着这位老太太打趣到。"一会我将带领大家到更高的天上去

旅行！"

一时间，飞机内热火朝天地聊开了。瓦尔多走向每一位乘客并亲自向他们握手问好。

突然，飞机猛烈地晃动了一下。瓦尔多接着感觉到飞机猛然向下坠去！

"啊！救命啊！"机舱内发出了惊恐和绝望的尖叫。每一位乘客都吓得浑身颤抖。

"天啊，飞机掉下去了！谁来救救我们！"乘客们感到被一股强大的下坠力拉扯住，双腿都变得不好使了。

"我的上帝，快救救我吧，我的儿子还有一周就出生了，我还没有见过他。"那位毛寸头小伙子大声哭了起来。

一时间机舱内很多人都哭了起来。人们仿佛感觉死神正向着他们招手。

"大家保持镇定！保持镇定！"机长瓦尔多一边大声地安慰着乘客，一边奋力地抓着座椅腿一步一步地向驾驶舱爬去。

还差十步、九步、八步……瓦尔多的脸上布满汗水，他清楚地知道，如果他再不回到驾驶舱把飞机控制住，飞机上的所有人都将葬身大西洋。他以顽强的意志拼命地向前方爬去，终于在飞机下降到7000英尺高度时回到了驾驶舱。

他立即使上全身力气拉住平衡杆，拼命地稳住飞机。瓦尔多不断地在心中呐喊，停止下降！停止下降！

仿佛是上帝听到了人们的呼唤，这时候飞机下坠的速度减慢了，然后飞机慢慢停止了强烈的震动，飞机又重新昂起头颅向高空飞去。

瓦尔多深深地吐了一口气：飞机恢复了正常，大家得救了。

随后瓦尔多带着这一群从死神手中走出的乘客们在甘德机场的跑道上安全降落了。

接到消息的专家组都为飞机奇迹降落感到非常震惊，他们没有想到这群人还能活着走下机舱。很快，事故原因被查清了，原来是在机长离开驾驶舱后，副驾驶员不小心碰到了"抑升器"，才使飞机飞速下降，出现无法控制的局面。

机长瓦尔多因此被罚款1500美元，因为他离开驾驶舱，才会出现这个状况。

但是波音707并没有因为这次事故而让声誉受损。相反大家一致认为波音707是飞机中的钢铁战士！是不死鸟的化身！

因为飞机失控从高空中加速下坠时，机身会受到5个G的压力，一般的飞机早就散架或者爆炸了。而波音707坚固得就像钢铁战士一样！更令人震惊的是，波音707除了尾翼上有些划痕，其他部分并没有任何损坏！

波音707，经历了这次严峻的考验，向世人证明了它的坚固。一次意外的坏事反而变成了好事。

而后波音707又经历了一些磨难，它又都奇迹般地转危为安，而波音707也被美国人喻为"不死鸟的化身"。

1965年6月28日，一架从旧金山飞往夏威夷的波音707飞机，在浩瀚无垠的太平洋上空，突然意外起火爆炸了！飞机左侧25英尺长的机翼被炸掉。而这架飞机居然没有失灵向下坠落，反而平稳安全地降落在了夏威夷的机场上。

连比尔·阿伦和波音所有的工程师们都惊呆了。

在他们这些年设计飞机所考虑的安全问题中，根本就没有一条是缺胳膊少腿的飞机还能安全返航的技术。但是这架被炸断25英尺翅膀的飞机确实安全降落了，这简直难以想象。

巧合的是，1965年12月4日。波音707客机在从纽约飞往檀香山的途中，与一架"星座"号客机相撞，当时的高度是11000英尺。波音707被撞得惨不忍睹，连左边的机翼都掉了35英尺，飞机就像一只断了翅膀的大鸟一样在空中左右摇晃。然后奇迹又出现了，20多分钟后波音707居然稳定了下来，然后在驾驶员的操作下安全降落在纽约机场。

波音707真是不死鸟的化身！同一年发生的两场这样的事故都被波音707化险为夷，这都彰显了波音707卓越的性能，更造就了航空史上的神话。

有人甚至幽默地给世界航空公司发了这样一份电报："波音可能把一架没有左边翅膀的波音707送来。"

人们在听了笑话过后，不难想象，美国总统为何会选择波音707了。波音707这只"不死鸟"从此在世界航空史上威武扬名。并且它给波音公司带来了巨大利润，当时一架707就能卖到500万美元。波音公司可谓是财源滚滚。波音707成了名副其实的金凤凰！

1957年秋天时，波音第一次击败了美国航空界的大佬道格拉斯公司，波音707的订单145架超过了DC-8的124架。波音王国已然是航空史上的新一代霸主！

而更为辉煌的是美国总统艾森豪威尔在1959年5月12日宣布波音707被选为空军一号！这个激动人心的消息一传来，波音上下都充斥着喜悦。

比尔·阿伦更是激动得热泪盈眶。

"波音707——你真是我们波音未来的飞机！"

其实总统专机选择波音707，不仅仅是因为它有着不死鸟化身的美誉。这里面还因为当时美国总统的飞机大多是螺旋桨飞机。而这并不能体现出美国经济大国的"尊严"，因此艾森豪威尔总统决定要给美国形象换个"面子"。自然，当时处于航空科技领先的波音大型喷气式客机就是最好的选择，也唯有波音707最符合这个条件。

所以说波音707被选为总统专机是历史的必然。

后来在1972年2月21日，波音707又载着美国总统尼克松来到了中国。尼克松总统向中国总理伸出了双手，两位国家领导人的双手紧紧地握在了一起。

"你同我的握手是越过世界上最辽阔的海洋的握手。"周总理意味深长地说。

而这一切都使波音公司倍感自豪。因为他们制造的飞机把尼克松总统送到了北京，从而实现了两国历史性的友好握手。

从这一刻起，波音飞机这四个字开始飞进中国百姓千万家。中国在同年向波音公司订购了10架波音707飞机，波音公

司自从中国工程师王助离开后，再次与中国结下深厚的缘分。

1979年，邓小平在夫人卓琳的陪同下飞往西雅图，在波音总裁比尔·阿伦的陪同下参观了波音公司的总部，观看了中国订购的707装配过程。

这是中国最高领导人首次对美国波音公司的访问，这对波音公司来说是无上的荣誉，更为波音707蒙上了一层传奇的色彩。

波音公司用顾客至上的宗旨和做最好的飞机的理念为自己确立了"空中一号"的地位。

Boeing

第六章　见证奇迹的时刻

Boeing

第一节　法庭上的反转剧

> 我在这里可以很自豪地说，是波音公司巩固了美国的国防力量，波音公司为美国国防的安全作出了巨大的贡献！也正是这支力量出色地保卫了美国的安全！
>
> ——比尔·阿伦

1934年，波音公司收到了美国国会的第一次传召，而正是那场听证会，使得波音的创始人威廉·爱德华·波音先生愤然离开了他一手创建的波音王国，波音公司几乎被逼到绝境，差点从历史上消失。

没想到的是，22年后，波音公司又一次成为被告，这是波音公司的第二次国会听证。而这一次结果如何呢？

1956年2月，美国国会为了调查波音公司在军方的合约中是否赚取巨额利润，向总裁比尔·阿伦进行了传召。听证会当天，波音公司的财务主管斯肯恩代表波音出席了听证会，而总裁比尔·阿伦作为旁听留在了听众席。

斯肯恩对波音公司的财务情况进行了详细的叙述。并一一细说了波音研制B-47与B-52等军事飞机时投入的巨额研制经

费。相对于波音获得的利润，所有人都可以看出波音在军用飞机上，基本很少盈利。斯肯恩的财务汇报说得有理有据，而且数字审核明确，听证会的所有委员们都无话可说。

听证会的主席这时候请比尔·阿伦上台讲话，希望他对波音公司的财务情况加以补充。

比尔·阿伦坦然地走上了讲台，他找到了当初做律师时的感觉，这个讲台对于他来说并不陌生。

"女士们，先生们。"比尔·阿伦开始口若悬河地讲了起来，"我很想问一问大家，你们觉得波音在美国是否尽到了自己的责任？而不要总是想着我们是否赚了太多的钱，因为这个答案翻翻公司的账本就能够知道。我想说的是，波音为了美国的国防力量强大，不惜把盈利75%的资金花在军用飞机的研制上！请问有哪家公司愿意这样呢？美国工业界一般都是以盈利的14%用于产品研发。那么请问波音公司拿出这么高的比例是不是政府应该给予鼓励？而正是因为波音这样，才有出色的B-47与B-52在战场上去保家卫国！我在这里可以很自豪地说，是波音公司巩固了美国的国防力量，波音公司为美国国防的安全作出了巨大的贡献！也正是这支力量出色地保卫了美国的安全！"比尔·阿伦用他那闪着智慧的双眼犀利地看向台下的每一个人，停顿了一下后继续用无可辩驳的语气说道，他的声音不知不觉提高了，甚至有几分训斥的味道，"而且据我所知，美国法律规定，替政府工作赚取12%的利润是合理合法的。但是我在这里可以告诉大家！波音公司从来没有达到过这个标准！所以请问委员们，我想知道波音公司到底为何被指控赚取军方太高的利润！"

比尔·阿伦结束了他长达20分钟的讲话，台下鸦雀无声。一分钟过后，议员们全体起立，会场上响起了热烈的掌声！人们为比尔鼓掌，更为波音公司鼓掌。议员们此刻都觉得波音是无可指责的，甚至是美国的荣耀！这次灾难性的国会听证在比尔·阿伦的声声指责中烟消云散，波音公司不得不感谢它有这样一位口才出色的总裁，更感谢自己这些年来为他们所创造的出色的成就。国会听证使人们深刻地感觉到——没有波音公司就没有美国！没有波音公司更没有世界和平！

波音公司又一次成为了传奇，在美国人的心中，甚至被誉为"美国的象征"。

第二节　让世界认识"波音"

> 只有先声夺人，出奇制胜，不断创造新的体制、新的产品、新的市场和压倒竞争对手的新形势，企业才能立于不败之地。
>
> ——黄汉青

"只有先声夺人，出奇制胜，不断创造新的体制、新的产

品、新的市场和压倒竞争对手的新形势，企业才能立于不败之地。"中国企业家黄汉清曾这样说。

波音公司经久不衰的秘密就在于不断创新与自我超越。

60年代，美国波音公司迎来了技术最为辉煌的时期。这时候的波音不仅仅重点开发大型民用喷气客机，而且还开始涉足于导弹研究与太空计划。而波音707又被选为"空军一号"，可以说"波音"这两个字一时间成为了航空业的骄傲。

但是这个受万众瞩目的飞机王国，内部并没有表面看上去那么风光，因为资金紧缺，波音再次陷入困境。

波音707一投入市场，就面临着是否能收回成本的难题。紧接着波音公司的生意又接二连三地被对手公司抢走。先是康维公司的B-58夺走了本来属于波音710的订单，然后北美航天公司的B-70又击败波音的B-110超音速轰炸机，波音公司不得不把TFX轰炸机项目取消。

随后波音最大的竞争对手道格拉斯公司终于完成了DC-8喷气客机的研制，它一上市就抢走了波音707的大部分市场份额。因为DC-8不仅仅可以在大型飞机场降落，也可以在小型飞机场降落，这点是波音707并不具备的，所以DC-8非常受航空公司的欢迎。

最要命的是波音刚开始实施导弹研究与太空计划，波音公司的大笔资金已经投了进去。

这时候的波音公司就像一只被海浪冲上岸边的鱼儿，急需海水的滋润，而这救命的海水就是订单，可悲的是对手偏偏兴风作浪，把它推得更远了。

波音公司要怎样才能存活下去？在这危急时刻，比尔·阿伦提出波音的"全程客机"概念，正是这个概念救了波音。

"要保住波音公司的地位，就必须保证波音技术的领先，而领先必须是在一个前提下，那就是波音公司必须时刻了解不断变化的民航市场，时代需要什么样的飞机，波音的领先技术就朝这个方面发展。"比尔·阿伦这样认为。

波音公司的"全程客机"概念就是在上面的认知基础上提出的。全程客机就是波音要针对客机市场的需求，全方位技术覆盖由大到小、由远到近的各型客机的研制。而正是这一战略思想，使得波音公司一次次在危机中走了出来。

比尔·阿伦高瞻远瞩，认为眼下只有开发中短程客机市场才能反败为胜。

于是波音727计划被提了出来，这架短程飞机的研制由"前卫设计小组"的首席助理工程师杰克·史达培负责。

杰克·史达培在波音有个响当当的外号——"马达"。

记得艾青曾在《大西洋》一诗中写道："飞机飞在大西洋的上空，我的心随着马达的声音在跳动。"而史达培就是波音的一个超速马达。他不知疲倦，从早到晚的时间都扑在波音727的研制工作上，也正是他这台"超级马达"带动了波音727的腾飞。

"比尔，我要求再给我配一个秘书吧。我的秘书不够

用！"杰克·史达培风风火火地闯进比尔的办公室，急冲冲地说道。

"伙计，据我所知，你已经有两个秘书了。难道还不够用吗？"比尔放下眼前的文件，不解地看向史达培。

"不够不够！你是知道的我工作不分黑天白天，她们两个只能一位上白班，一位上黄昏到深夜的小夜班。但是后半夜到清晨我却没有秘书！"史达培急着答道。

"比尔，你快答应我这个要求吧。这样我就可以从早到晚连轴转了。"史达培不断地在比尔面前来回走着，他认为这都是在浪费时间啊，心里想："比尔你怎么还不同意呢。"

但是比尔·阿伦拒绝了史达培的要求。公司的那两名秘书已经怨声载道了，常常说好不容易熬到12点下了晚班，结果凌晨3点多也会接到史达培的电话让她们必须回来工作。比尔不想看到这位波音的"马达"累倒下，他要求史达培后半夜必须休息！

波音727很快设计出来了。它在707的基础上有两项重大的科技革新，一是史达培给飞机的尾巴上装了"风火轮"。当时市场上的飞机一般都是四个引擎，但是史达培认为中短程飞机用四个引擎太浪费油了。于是他突发奇想地发明了三引擎的飞机，并为了保持飞机的平衡，把第三个"风火轮"安装在飞机尾巴上。

第二项创新是在飞机的机翼上，为了飞机能适应在中短跑道上起飞降落，史达培小组的一名设计师比尔·柯克发明了襟翼设备，并且经过风洞实验把机翼后掠修改成32度，这样原来需要七八千英尺跑道才能降落的飞机，现在只需要五千英尺就可以降落，波音727终于克服一个个难题，大功告成。

但是当设计图纸拿到当时对727感兴趣的西北航空公司时，却遭到了很多人的嘲笑。

"谁能告诉我，这只尾巴上带着风扇的是飞机吗？我们可不相信没有四台引擎它可以飞起来。"西方航空的人冷冷说道。

在以往的岁月中，波音曾多次因为顾客的质疑而更改过飞机。比尔·阿伦至今也没忘记生产波音707时，因为担心外界的舆论而把本来很大的波音707改小，从而使它失去最佳竞争力。以往的深刻教训让比尔·阿伦这次下定了决心！

"无论别人怎么说，727绝不更改一毫！我相信三引擎必定有它的优势！"

1963年2月9日，波音727"东方一号"在云顿机场开始试飞。

"我倒要看看这只尾巴上插风扇的怪鸟飞起来是什么样子。"西北航空公司的人嘲讽道。

波音727就这样在人们的质疑声中昂起它矫健的身姿，高高地飞上了蓝天。试飞非常成功！一切顺利。

"太棒了！这真是我飞过最棒的飞机。它快极了。而且控制系统居然和驾驶一辆小轿车一样轻松！"试飞员走下飞机后对727赞不绝口。

"它还有更棒的地方呢！难道你没发现？"史达培借机把波音727的另一优势告诉了大家，"这架飞机的最大秘密是它有两套全自动油压控制系统，一套主用，还有一套为了防止主用坏掉而设计的备用。"

"那如果两套都坏掉了呢？"试飞员故作刁难。

"哦，那我们还有一个神秘救生圈，就是一套手动备用系统。"史达培不禁笑着摇了摇头。

"天啊。这太让我意外了。这可是我见过秘密最多的飞机！"

试飞员要求再一次试试727，在空中，试飞员关掉了前两个自动油压系统，试着用手动控制系统操纵起飞机，波音727就像一只飞得稳稳的大鸟，悠哉地在云层中嬉戏。

"太厉害了！太棒了！我真是太喜欢它了！"试飞员手舞足蹈地赞美道。

很快检测数据也被从飞机监测仪上取了下来，结果大家惊奇地发现波音727的时速居然比预计的还要快上15英里。而耗油量却比大部分四引擎飞机减少了40%左右，载重量则增加了10%。

西北航空公司做梦也没有想到波音727会有这么优质的性能，他们非常高兴之前订购了波音727，这会使他们拥有最好的飞机。

第二天，波音727就成为了报纸的头条新闻，满大街都可以看到波音727的照片，波音727成为了航空史上新一代的明星。

"我要把波音最好的飞机推销给全世界，让全世界都知道波音727！"比尔·阿伦非常高兴，此刻他的心中豪情万丈。

比尔·阿伦飞速行动起来，第二天就组建了一支超级推销队伍，然后旋风般地带着他的队伍向世界上的26个国家飞去。很快，在南非、中东、欧洲、印度、日本、澳大利亚、新西兰等国家刮起了一股727风暴，所到之处订单就像雪片一样落在了西雅图总部。波音727成功房获了欧洲、亚洲、澳洲甚至非洲人们的心。大家一齐向波音公司抛出橄榄枝，到1984年，波音727的销量居然突破了四位数，达到了1831架！这是波音曾经做梦都不敢想象的数字啊。

波音727无疑是成功的，它是波音公司第一次销往全世界的飞机。它既是"全程客机"概念革新下的产物，又是波音新的销售体系下的第一批成品。

波音公司的员工与他们的领路人一样，他们期待明天，他们相信，终有一天，全世界的人都会认识"波音飞机"！

第三节　"靠边站"也有春天

> 任何问题都有解决的办法，无法可想的
> 事是没有的。
>
> ——爱迪生

在波音公司，几乎所有的飞机都有自己的"生身父母"，就像波音727是由杰克·史达培一手研究制造出来的天之骄子。波音其他的机型同样都是由"父母"精心设计、精心花钱栽培的。

唯独波音737这架飞机，在最开始就像孤儿一样，大家都让它"靠边站"，非常不吃香。

可是让波音人没有想到的是，正是这个充满戏剧性的波音737，却在后来大放异彩！其销售量更是占据了波音王国的半壁江山！

60年代中期的波音公司，正是最为忙碌的时候，当时波音王国正忙于"阿波罗登月计划"，又有四个精心策划的"宝贝"正等着出生。它们分别是波音C-5型运输飞机、波音超音速运输飞机、波音747计划、加长型727。当时波音公司把所有的人力、物力和资金都给了这四个大宝贝和"阿波罗登月计划"，波音上下都忙得团团转。

而就是在这个不合时宜的档口，波音的"外姓人"克莱夫·格林沃特提出了波音737计划。克莱夫·格林沃特并不是"纯正"的波音人，他是特拉华州特伦顿市杜邦分公司的董事会主席，当时只是在波音公司董事会挂了个董事的头衔。

克莱夫把737计划正式递交给董事会后，这个计划就像石沉大海一样，毫无音讯。

当时大家都在想："哪有那个闲工夫搞什么737计划。短程喷气客机也就是给那些没钱购买大飞机的小公司准备的，让737靠边站站吧。"

为此，克莱夫·格林沃特非常愤怒，他一气之下打电话叫来了几个和他一样挂着名的董事，气呼呼地去找公司的董事长比尔·阿伦理论去了。

"比尔，你们不能这样对待我提出的737计划！你不是主张全程客机战略吗？波音不就是应该大的小的长的短的客机都有吗？为什么就一竿子到底否定了我的737计划！这不公平！"

克莱夫对比尔很不客气，上来就大声地质问着。反正他也不是波音公司的人，用不着对波音公司的老大客客气气。

"对啊，不公平。不能因为我们是外姓人就否认我们的计划！不就是737没有威尔斯他们撑腰吗？我觉得公司决定一份计划是否可行应该看它未来的价值！"另一位找来帮忙的董事在旁边煽风点火。

"那你们倒是说说737的价值，我还真是没太看好它的未来价值。"比尔皱了皱眉头，冷冷地说道。

"好吧，就一条！波音的战略在'全程客机'，而我认为未来的民用航空市场必定属于中短程客机！比尔，你不想到时候波音唯独缺少这款飞机吧。"克莱夫拿出了他的杀手锏。

"哦，这倒是可以考虑。"比尔陷入了深思，他决定再让董事会讨论一次。

董事会经过讨论，一致认为737计划可行，但是必须有一个前提，就是要提前给737找个买家。董事会成员们仍然不太看好737，但是有买家最起码不是赔钱货。

可是愿望是美好的，现实是残酷的，直到1965年2月，无论波音公司怎样向外宣传、多方推销，波音737这个"孤儿"仍然是无人垂青。

正当波音王国"举国上下"都快淡忘了737这个孤儿时，好消息却又突然降临，德国航空公司想要购买22架波音737。真是皇天不负有心人，波音737注定不会胎死腹中。

随后，东方航空公司和西方航空公司也都表示对波音737感兴趣，并分别订购了20架与40架。

波音737就是这样一点点硬是闯进了人们的心里，让人们再也无法忽视它。被冷落的737一下子又成为了波音王国里的宠儿。

而正是由于比尔·阿伦对全程客机战略的坚持，才使波音737没有被扼杀于摇篮中。

更让波音人没想到的是，未来的10年，波音737完全主宰了全球短程航空的市场！

"孤儿"737用实力大声地向世界诉说：

"我才不要靠边站！"

而波音737给人最大的启迪，就是不到最后一刻，永远别轻易放弃！

第四节　没有比梦想更大的舞台

> 如果你问一个善于溜冰的人怎样获得成功时，他会告诉你："跌倒了，爬起来。"这就是成功。
>
> ——牛顿

天空是一个没有边际的舞台，只要你有梦，你就能在这个舞台上演精彩绝伦的豪华大戏。

波音747是一个空中巨无霸，它的出现是人类交通史上的一个奇迹。它的诞生也再一次诠释了那句话：梦想有多大，舞台就有多大。

"丘、丘伯先生，您、您能再说一遍，您要多少个座位的飞机？"康纳利听到泛美老大的陈述后甚至有些结巴地问道。

波音公司的销售人员康纳利带着比尔·阿伦新出炉的"大客机"计划开始了全方位的营销。当康纳利来到泛美航空公司时，却被泛美的老大丘伯总裁给"吓"了一大跳！

"小伙子，你没听错。400个座位。只多不少。"丘伯严肃地答道。

"可是400个座位，这是所有人从来都不敢想的事情。"康纳利感觉自己心惊肉跳。上帝啊，自己的耳朵没出问题吧。

"没错。泛美需要的就是创造奇迹的飞机！"丘伯认真地说道。

康纳利的心一直嘣嘣嘣地跳着。上帝啊，这简直就是个炸弹，当时航空界主要的大型客机座位最大也就是150个。而道格拉斯这个最大的竞争对手也只敢把一架能有259个座位的飞机当作最高的目标。泛美的老大真能异想天开！

知道这可不是小事，康纳利赶紧带着这个惊天消息回到了波音并报告给了比尔·阿伦。

"哈哈哈哈哈，没想到泛美这么对我的胃口。我正想造一架世界上最大的飞机，正愁没人敢要呢！"比尔听后没有表示震惊，而是在办公室大笑了起来。

"丘伯老兄，你不愧是泛美的老大，这行里只有你敢想出要400个座位的飞机！"比尔立即给丘伯先生打了电话。

"哈哈，比尔老弟，我就知道你一定会感兴趣。你这人就喜欢干一些惊天动地的事情。"

"丘伯老兄，你确定是400座位？下定决心了吗？没在跟我开玩笑？"比尔突然严肃起来问道。

"是的，比尔，泛美就是要最大的飞机。"丘伯一字一顿地的认真答道。

"好的！我们合作！波音为你造最大的飞机！"比尔·阿伦在电话里爽快地说着。

比尔·阿伦召开了董事会。当他把波音747计划提出来后，董事会成员全票反对，认为这根本就是不可能完成的事情！这简直就是天方夜谭！

"比尔先生，这个计划远比想象的还要困难。其中的难题将会无穷无尽。我看不如取消吧。"737计划的工程师克莱夫·格林沃特担忧地说道。

"没试过怎么知道不行！只要波音想要制造它，就一定能制造出来！即使是倾家荡产，也要制造！"比尔·阿伦很少对下属大发脾气，他对747计划表现得非常坚决。

比尔·阿伦对747注入了全部的心血，并认为这是他毕生的梦想，也是他能送给波音最好的礼物。

波音公司与泛美公司终于走到了一起，展开了一项惊天合作。泛美一次性就与波音公司签订了5.5亿美元的合约。这在当时是空前未有的大买卖了！

其实这里面还有个小插曲。当时泛美总裁担心波音747计划夭折，因此希望波音首先落实747计划后才下订单；而比尔也绝不让步，天知道747计划要用多么庞大资金，而且先前波音与洛克希德公司争取美军大型运输机计划已经失败了，假如泛美公司不先下订单，747计划没有资金的支持很难成功。

"只要你造我就买。"当时泛美航空董事长特里普对波音总裁比尔·阿伦说。

"只要你买我就造！"波音老板比尔·阿伦毫不示弱地回答。

最终在比尔·阿伦强硬的态度下，两双要共同搭建世界空中大桥的手终于握在了一起。

波音747真是不同于以往的波音"宝贝们"，它还没出生就已经价值万金！

丘伯在合约里还补充到，泛美不仅仅要求飞机有400个座位，还要求有5000英里的航程和能够在8000英尺跑道上安全起降的能力，巡航高度要达到3.5万英尺，而且还有个特别要求，就是波音747必须从机鼻上货。这也是给波音747留了条后路，因为丘伯相信，随着飞机的进步与发展，未来的蓝天必定是超音速飞机的天下，那时候747改动一下就可以用来做货运飞机了。

波音747对波音公司和泛美公司来说都是一场豪赌。对于波音，这场赌博要么彻底毁灭波音，要么带领波音走向巅峰，当然，这场豪赌成就了波音公司新的辉煌。

比尔·阿伦任命马尔·史达培为项目总经理，乔·萨特为波音747项目总工程师。在史达培与萨特的带领下，历尽千难万险，"行者们"终于到达"西天"取得了波音747的"真经"。

波音公司是善于创造奇迹的。波音747的原身是C-5A，但是这款飞机还没出生就胎死腹中。波音人并没有因此而一蹶不振，他们爬起来走向了更远的前方。波音747就是失败的C-5A的转世，波音人在它的基础上孕育出的一朵空中奇葩。

波音公司当时的强大对手除了道格拉斯公司，还有一个就是洛克希德公司。而C-5A就是败在了它的手里。C-5A是波音研制的巨无霸军用运输机，波音对其下了很大功夫。搭上巨大的财力与人力，但是最终败给了洛克希德的C-130大力士飞机。这架飞机在当年具有相当高的性能，几乎所向披靡。

而C-5A却以失败告终。波音费了很大的力气，军方却丝毫没有看上C-5A。

波音747就是在这种情况下诞生的。它与C-5A在形状上和大小上几乎一样。可以毫不夸张地说，只要你愿意给747做个小手术，它就可以变身为一架重型运输机。

牛顿曾说："如果你问一个善于溜冰的人怎样获得成功时，他会告诉你：'跌倒了，爬起来。'这就是成功。"

波音747是在C-5A跌倒后，吸收了"日月精华"浴火重生的。

当时随着航空业的发展，更多的人们习惯乘着飞机去旅行。航空公司也就对飞机有了更高的要求。他们希望一架飞机可以乘坐更多的人，这样就可以多卖飞机票，自然就能赚更多的钱了。

因此设计并制造一架最大的飞机，这不仅仅是波音需要的，也是航空公司最迫不及待的。

在开发波音747的四年里，史达培与萨特甚至从没睡过一个好觉，他们常常忙到深夜，累了就在波音的办公桌或地板睡会儿，四年里他们仅仅休过一天假。只有这样，"不可能实现的"波音747才能出生。

"最好的飞机其实是人类思维和梦想的表达。人们永远是故事的主角。无数人用创造力、精力和梦想创造了这些全世界予以信赖的可靠的民用飞机，而我非常幸运能与他们相识并共事。"乔·萨特曾说，这是他对波音747做出的最精辟的概括。

乔·萨特这位承载着人类航天梦想的传奇设计师，也因波音747的成功研发获得了由《飞行国际》杂志颁发的首届"飞行国际终身成就奖"。

《飞行国际》编辑默多·莫里森这样评价过："乔·萨特帮助数千万普通旅行者缩短了地球上的距离。四十多年过去了，波音747的设计依然独树一帜——醒目而优美。更重要的是，无论用于客运还是货运，它都是一款高效的运输工具。"

Boeing

第七章　神奇的天路

Boeing

第一节　必胜的赌局

> 无论何事，只要对它有无限的热情你就
> 能取得成功！
>
> ——施瓦布

都说没有必胜的赌徒，其实也不尽然，波音公司的员工就因为对自己的飞机充满信心，打了一个国际之赌，而且还获得了胜利。

波音王国中的每一个人，都是散落的珍珠，而波音精神就是那根看起来柔弱却坚韧无比的细线，将珍珠穿起来，组成了一个拥有强大力量的波音王国。"鹰骑士"可以说是波音百年征程中所有波音人的名字。因为他们自信，有一双为梦想飞翔的翅膀；他们执着、永不言败，并且骨子里流淌着不断创新的血液。

经历了近百年的风雨，波音已然形成了自己独特的"鹰骑士精神"，而这种精神文化渗透在波音故事里的每一个章节。

中国作家鲁迅曾说："遇见森林，可以辟成平地，遇见旷野，可以栽种树木，遇见沙漠，可以开拓井泉。"

波音公司的鹰骑士正如鲁迅先生说的一样，他们无论遇

到何等困难，无论遭遇何等不公，他们永远毫无畏惧，永不言败。

波音公司为世界和平作出了巨大的贡献。但是令波音人没有想到的是，欧洲居然跳出来忘恩负义地说波音是"不祥"的飞机，公然抵制波音。

在伦敦、巴黎、日内瓦等欧洲城市，波音公司的办事处甚至经常受到袭击。那段日子令波音的每一个人都感到非常气愤。波音公司驻欧洲办事处的墙壁上经常被人印上"死亡飞机"、"不祥飞机"、"发战争财的吸血鬼"等字样，还经常有人刺破波音工作人员的汽车轮胎，甚至波音公司的销售人员还受到了袭击。

更严重的是，欧洲居然还成立了多国合作的"空中客车工业集团"，他们联合起来四处抵制波音飞机，四处说着波音飞机的坏话。他们想要彻底地打击波音公司及整个美国的航空工业。

波音公司愤怒了，为了维护他们的尊严，为了波音公司的生存，为了美国的航空航天事业，勇敢的波音骑士们对敌人进行了反击，他们坚信只要永不放弃，波音飞机一定能敲开欧洲的大门。

当时世界航空公司有购买飞机的打算，但是他们并没有选好购买哪一家的飞机，这时候空中客车的"推销突击队员"拉弟埃，抢先一步约见了世界航空公司的负责人。

"相信我，选择空中客车的A-310绝对没有错！我知道你们还想考虑波音公司的767飞机。但是我要告诉你们个秘密，767非常费油！我们的A-310是波音远远比不上的！"拉弟埃口若悬河地给世界航空公司进行了介绍。

当波音公司的推销员来到世界航空公司时，世界航空公司已经决定购买A-310飞机了。

波音公司的销售精英博里昂是位不肯服输的人，他在波音公司工作了很多年，他知道波音文化的字典里就没有放弃这两个字，他决定要在空中客车的口袋里拿走这张大单！

博里昂知道767的最大优势是耗油量少，"别以为波音那么好欺负！可以任人在外面胡说八道！"博里昂愤愤不平道。

"爱德，你不是相信空中客车说的话吗？你们认为767没有A-310省油对吧。那你敢不敢和我打个赌？"博里昂找到了世界航空公司此事的负责人爱德，语气坚定地说。

"赌什么？"爱德饶有兴趣地问道。

"如果767没有比A-310省油的话，我们波音愿意付给你们世界航空公司5倍的赔偿；如果A-310比我们的波音767废油，那你们就必须付差额的5倍给波音，以5年为期。怎么样！"博里昂信心十足地说道。

"好的，博里昂，我跟你赌！我们买你们的767！"爱德也希望用事实说话。

就这样，波音人博里昂把空客到嘴的肥肉抢了过来，结果当然是波音767赢了空中客车A-310。

如果当时博里昂听说世界航空公司已经决定购买A-310就

放弃的话，波音不会有今天这个局面。

波音从上到下，无论是领导者还是员工们，都是这样一群不服输的人。他们有着波音人特有的骄傲与执着。波音的骑士们为了守护他们的波音王国一直努力奋战着，他们骨子里流淌着永不言败的血液，他们坚信即使前方是铜墙铁壁，只要锲而不舍地坚持下去，也会有攻破的一天！

第二节　优秀是我们的标签

> 在波音，你们要记住这样一件事，就是我们虽然不是每一次都走在最前面，但是我们常常是最好的。
>
> ——菲利普·康迪特

如果说波音777是全世界一同制造出来的飞机，这一点都不过分。

1989年12月8日，波音公司董事会通过了编号为767-X的计划，即后来的777计划，波音公司希望开发出一种介于767-300和747-400之间的市场需要的飞机。

起初人们只是想把767加大一些，这样开发起来会省钱又省力。

这引起了当时还是波音民航机部门副董事长的菲利普·康迪特的强烈反对。

"在波音，你们要记住这样一件事，就是我们虽然不是每一次都走在最前面，但是我们常常是最好的。"菲利普·康迪特说。

因此菲利普·康迪特要求不再做改进型飞机，而是制作最优秀的新型飞机。

菲利普·康迪特花了一年多的时间，总算邀请来了这八大巨头：联航、美航、日航、英航、达美、坤塔士及国泰航空公司的首席工程师，一起赴美国波音总部西雅图共商大计。

这真是具有历史性转折意义的一次会议。这次会议开创了携手合作的商业理念，实现了波音的第一次全球合作。

"大家都畅所欲言，都来谈谈你们希望777是个什么样子的飞机。"康迪特看到这么多奇才设计师聚在自家会议室里，不免显得有些兴奋。

果然是人多力量大，经过激烈的讨论，大家提出了很多宝贵的意见和建议。其中有一条比较统一，就是希望波音777要比DC-11和A-330宽，这样飞机将比道格拉斯公司和空中客车公司的飞机更舒适，而且载客数量也会增加。后来波音777的尺寸真的按照顾客这个要求制造了，它比DC-11宽了5英寸，同时又比A-330宽了25英寸，而且座位还比它们多了30个。

统一的问题解决了，波音公司开始倾听单独的建议。例如美国航空公司就有这样一个独特的要求，他们希望777的机翼两端能够折叠，而且方向必须是向上的，这样他们就不用更换原来的机场和登机门。

波音公司一直信奉顾客就是上帝的理念。上帝既然要求了那就得尽力去满足。波音777的翼展设计成199英尺，这要比747-400少上12英尺，又比DC-110长44英尺。为了使美国航空公司满意，又特意把777的翼端做成两端可以折叠22英尺的模式。

这次会议不仅仅开创了"携手合作"的商业模式，更为波音带来了巨额效益——尽管777还尚在图纸上，但它已经收到了价值220亿美元的订单！这正是和顾客一同创造的商业模式魅力，各大航空公司都抢着和波音签约——因为这是架为他们特别制作的飞机。

康迪特在与八大巨头的研讨中记录下来了很多宝贵的东西，这是一次真正意义上的合作。用户与制造商之间，不再是单纯的买家与卖家之间的交易，而变成共同设计，联合制造，而且真正做到贯彻在每个细节上。

例如国泰航空公司看到777内部的布局图纸时，表示并不是很喜欢。希望能够按他们的想法修改内部布局。很快，波音公司的设计人员在72小时内把卫生间、座椅、过道等布局重新按国泰的要求做了一遍。

当国泰人看到新的布局后，感动得热泪盈眶。他们相信只有波音公司能够这么贴近顾客的内心深处，并且在这么短的时间内完成得这么出色。新调整后的机舱内部，每一个座位的正前方都安了一部小型电视机。每个座位的扶手下，都装有一部电话，这样旅客在旅途中就不会太寂寞。他们既可以休闲娱乐，又可以倾诉对亲人朋友的思念，或是在飞机上谈下一笔大的生意。

波音777在设计方面，最令人称奇的是它引导了一次全自动化的革新。

"我们可以把整架飞机的各个部件的设计全面电脑化。我们可以用电脑做出来的三维空间实物模型代替原来的平面图纸。这样就可以在电脑上预先进行组合。那我们就可以在交给工人施工前，知道有哪个部位有问题，到底合适不合适。这样就避免了错误制作返工这个过程。"威利福提出了一个电脑仿真系统的创意。

这真的是一项伟大的设计创意。这时波音公司在设计高峰时期可以有238个小组同时使用网络进行设计，不再局限于地点与人力。以前的波音公司经常是过分地依赖于一位设计师，而一个人的脑力与体力毕竟是有限的。自从有了这个创意后，波音总部就可以通过网络这条密密麻麻的线，把所有人的智慧凝结在一起，更好地开发产品。

波音777因为这项超凡的设计，赢得了全球航空工业设计界的赞美与敬佩，并且也使它连续几年获得美国工业设计师协会颁发的"IDEA"奖项。

波音777还有一个重大的技术革新，就是它的驾驶舱的设计。这也是集合了全世界400飞行员的宝贵意见而制造出来

的。波音公司的工程师们仔细地记录下了全世界飞行员对驾驶舱的要求，并逐一认真解决。

在飞行员看来，一架飞机的驾驶舱才是它最重要的地方。以前的驾驶舱被各种仪表、按钮、手柄、电线之类的东西充斥着。飞行员的驾驶环境非常复杂，而且驾驶起来也非常麻烦。而波音777把繁琐化为简单。在驾驶舱中只安装一个仪表综合显示系统。这一技术的革新使飞行员不再手忙脚乱地工作，他们只要在仪表前管理着电脑，就可以安全飞行。

波音777从上到下的每一个部件，都包含着"携手合作"而得来的精髓，可以毫不夸张地说，波音777一定是有史以来让顾客最满意的飞机！

波音公司真正做到了——顾客要什么样子的飞机，我们就造什么样子的飞机。

1994年4月9日，波音777终于在全世界的期盼下滑出了厂房。

这是波音公司最隆重壮观的一次出厂盛典。当天来自全世界的航空公司代表、飞行员、工程师、航天爱好者、各大客户以及波音全体员工们齐聚一堂。

这是一次超过10万多人的盛会，10万人20万只眼睛将一起目睹波音777翱翔蓝天。

驾驶员加士文怀着激动的心情驾驶波音777飞上了蓝天。只见波音777就像一只有着红白蓝三色的巨鸟，高高地在蓝天中飞翔。

试飞非常成功。现场响起了雷鸣般的掌声。

1995年5月17日，在西雅图"红色谷仓"——飞行博物馆，波音举行了一个特别的庆祝仪式。波音公司将他们制造的第一架777飞机交给它的主人美国联合航空公司，为了纪念携手合作的设计方式，波音为它取名"携手合作号"。

"今天是波音和全世界参与波音设计的人大喜的日子，因为现在已经证明'携手合作'的商业哲学确实可行！"已经成为波音公司总裁的菲利普·康迪特无比激动地向大家说道。

波音777是全球人的骄傲，它非常地成功！而且波音777还有一个不同以往的变革。777只要出厂交付给买家，就可以立即投入使用，并不需要为期一年的飞行测试。

这是因为波音公司自己成立了测试部门，并且投资数百万美元建造了飞机综合系统试验场地。波音飞机在出厂前就经过了世界上最全面、最严格的飞行测试与安全测试。

1995年5月30日，波音777又获得了在投入营运后可以马上进行延程双发飞行的殊荣，这在美国航空史上可是没有先例的。延程双发飞行即Extended-range Twin-engine Operational Performance Standards或Extended Twin-engine OPerationS，英文缩写为ETOPS，是一种飞行资质的认可。是指有两台发动机的飞机在所运行的航路上有一点到合适机场的距离超过60分钟（以双方涡轮为动力的飞机）或超过180分钟（以两台以上的涡轮寻机为动力的客机）的飞行，也就是在双发动机飞机有一台发动机失效的情况下允许飞机继续飞行的资格，这当然是

一种荣誉。如果没有ETOPS能力，为确保安全，飞机飞行的路线将只能选择靠海岸线的航路飞行，而有了这种资质，双发飞机就有可能有更多的直飞航线。获得了ETOPS能力认证，波音777在沙漠、海洋和极地就可以自由往来了。

波音777这位天之骄子，给波音公司带来了无数的订单。它的成功不仅仅属于波音公司，更属于参与设计的全体合作伙伴们。而"携手合作"的商业运营模式，从这时起在波音公司传承下去，成了制胜的法宝。

波音公司成功的在全世界人民的眼中写下了自己的标签——优秀。

第三节　会翻跟头的大鸟

> 冒险的事儿我是不会干的。而且这样
> 707 肯定会出奇制胜的。
>
> ——德克斯

都说艺多不压身，在基本条件相同的情况下，通常多会一些技能的人更容易获得就业的机会，其实在商品销售方面也如此。

推陈出新，创新式营销是波音王国里的一大营销秘诀。波音的推销员个个是好手，他们坚信只有出其不意、别出心裁的推销方式，才能给客户带来最大的惊喜与购买欲。

波音707上市时有个非常强大的对手，就是道格拉斯公司的系列飞机。波音公司的试飞员们独具特色，采用一种另类创新的推销方式，使波音707赢得了市场销售大战的胜利。

1954年，西雅图举行了一场水上飞机的金杯奖比赛。当时全国的航天爱好者都赶来了，还有各大航空公司的首脑，全国有名的航空工程师以及飞行员们齐聚一堂，一共有30万人。场面热闹非凡，这可是史无前例的一次航空盛会。

威廉·爱德华·波音的夫人称波音707为"明日的飞机"，比尔·阿伦觉得这正是推销"明日飞机"的绝好机会。比尔·阿伦计划要在30万人的瞩目下，让"明日飞机"作演示飞行。

德克斯是这次演示波音707的飞行员。德克斯年轻有为，并且胆识非凡。在登上飞机前，他突然神秘地对副驾驶员尼湟斯说："伙计，我们给707换个方式展示吧。咱也得跟上公司创新的潮流啊，我想给这只大鸟翻几个跟头。"

"德克斯，你不能这么做！比尔先生并没有允许我们这么做！这非常危险！"尼湟斯听后大惊。

"呵呵。别担心。我对自己的技术有把握。冒险的事儿我是不会干的。而且这样707肯定会出奇制胜的。"德克斯已经下定决心了。

德克斯驾驶着707自信满满地飞上了蓝天。开始时，707完全按照比尔·阿伦之前的要求飞行着。它时而高速掠过人们的头顶，引起人们的欢呼，时而向更高的天空上翱翔，瞬间就消失在了人们眼前。

正当人们以为707表演结束时，707却突然以每小时450英里的高速度重新飞回比赛现场。然后下降到300英尺的低空在观众的头上掠过。707忽然地昂起它高贵的头颅，以35度角进行爬升，紧接着707又侧着机身来了一个又一个360度的大翻滚！

"我的天啊！这简直不可思议！"现场30万观众都发出了惊叹。

波音707像是只贪玩的大鸟，在高空中一个接一个地翻着跟头，每翻一个，都引起观众的惊叫。

比尔·阿伦在下面看得脸色铁青，额头不断冒着冷汗。他完全被吓到了！这可不是他安排的飞行表演。要知道如果在这种场合出什么事的话，707将万劫不复。波音公司也将名誉扫地。

当时贝尔公司的老板顿瑞·贝尔就在比尔的身边看得入迷。

"贝尔，你身上带速效救心丸了吧。把它借给我吃一点。"比尔·阿伦突然拉着他说道。

"怎么了比尔，我怎么没听说过你有心脏病。你还好吗？"

"哦，不，以前没有，被这只翻跟头的大鸟吓的。"比尔擦了擦脸上的汗水。

"比尔老兄，你真是太逗了。你们公司为707做的这个广告真是绝了！"贝尔觉得比尔先生太谦虚了。

"哦，不，这……"比尔·阿伦觉得自己真是有苦说不出了，这根本不是他安排的，天知道这到底是怎么回事！

"比尔老兄，你就别再谦虚了。你看全场看你们707飞机的眼神。我想我的救心丸不用给你吃了。你根本不需要为707的销路担心。因为你的飞行员已经替你把飞机卖光了。"

果不其然，飞机翻跟头这个活广告，经30万人之口口相传，使707这款"明日飞机"不出名都难！比赛后许多航空公司找上门，他们都要订购这架如此灵活高性能的飞机，707成功地占领了市场，而它胜在出其不意，以奇制胜。

波音公司再一次验证了：全球化时代企业生存的真正秘诀就是创新。创新精神是波音王国的一缕精魂，而营销的创新对于企业的发展至关重要。观念创新就是目标创新，目标创新就是提出别人认为不可能达到的目标，并用创新的办法实现它。

第四节　你敬我一尺，我敬你一丈

> 不管是小客户还是大客户，无论条件有
> 多艰难或多不合理，波音都竭尽全力地满足
> 客户的要求。
>
> ——波音公司

波音公司在营销上有两大秘诀。一是通过不断创新制造质地精良和高性能的飞机，并用创造性的营销理念销售飞机；另一点就是波音对顾客一直秉承着"遵守承诺、善尽责任与竭诚服务"的营销原则。

1978年12月，意大利国营阿里塔利亚航空公司的DC-9飞机在飞往地中海上空时突然坠毁。

飞机上一百多名旅客都成了地中海鲨鱼的腹中餐。随着这次事故的发生，阿里塔利亚航空公司忙得焦头烂额。他们既要忙着进行巨额的理赔工作，又要对负面新闻进行善后处理，最难办的是他们急需一架替代飞机。可是之前订购的DC-9绝不能再用了，因为这次出事的飞机就是这个型号，旅客们绝不会再选择这个飞机。

怎么办呢？阿里塔利亚航空公司的总裁恩博托·诺迪欧急

得团团转。无奈之下只好拨通了波音公司董事长梯·威尔逊的电话：

"威尔逊先生，波音公司能不能尽快送来一架波音727飞机？我知道这有些强人所难，但是请求贵公司帮助我们渡过难关。"

"好的，诺迪欧先生。波音公司一定竭尽全力赶出一架727飞机送去。"梯·威尔逊仔细地考虑了一下后说道。

当时727的订单非常多，一般情况要再生产一架727飞机，至少得等两年的时间，短时间内完成根本是不可能的事情。

但是·威尔逊知道，诚信乃是波音一贯的企业原则，波音公司历年来所有的行动与关系都遵循着这一原则，绝无例外。

梯·威尔逊下定决心无论投入多少钱、加多少班，遇到什么困难，都必须完成任务，信守承诺！

梯·威尔逊在发货表上稍微做了下调整，并把公司所有的生产都排得紧紧的。在波音公司上下一心的共同努力下，阿里塔利亚航空公司一个月后就拿到了他们最需要的波音727，解了他们的燃眉之急。

半年后，为了感谢波音公司的优质服务，阿里塔利亚航空公司决定取消购买道格拉斯公司DC—0飞机的计划，回头转向波音的怀抱，一下子订购了9架波音747超大型客机，价值约达5.7亿美元。

可见，周到的服务与信守承诺是扩大销售和赢得客户的秘密武器。波音的鹰骑士们正是通过周到的服务与信守承诺来促进销售并争取顾客，这是波音公司一直以来贯彻在销售上的波音精神。

鹰骑士们一直信奉波音王国的生存立身之本就是诚信。诚信是企业生存的根本，在这个根本上，波音公司又提出："不管是小客户还是大客户，无论条件有多艰难或多不合理，波音都竭尽全力地满足客户的要求。"波音公司以"顾客就是上帝"为唯一准则，为客户提供竭诚周到的服务。

第五节　铺就登天的路

> 我们不应该仅仅创造只在天空飞的飞机，
> 在美国人要将国旗插上月球这个伟大计划里，
> 波音应该起到更重要的作用。
>
> ——乔治·斯托斯

除了人的胸怀，世界上最辽阔的就是浩瀚的天空了，如果能到无边无际的太空去探索那神秘未知的世界，是一件多么快意的事情！多少年来，人类对太空有着无尽的想象，对外星人和UFO存在与否争论不休。然而，猜测和争论无济于事，实践才是检验真理的唯一标准，只有真正进入太空去亲眼看一看，才能解开这亘古之谜，可是怎么才能去太空呢？

有了波音，就有了可能。

"比尔先生，您听说阿波罗登月计划了吗？我觉得我们不应该仅仅创造只在天空飞的飞机，在美国人要将国旗插上月球这个伟大计划里，波音应该起到更重要的作用。"设计师乔治·斯托斯急匆匆地来到了比尔·阿伦的办公室。

1961年，美国总统宣布要在10年之内实现阿波罗登月计划，当这个消息传到波音公司总部时，乔治·斯托斯觉得自己被这一计划深深地吸引了。多年来，乔治·斯托斯一直对太空、火箭有一种偏执的热爱。现在，他觉得这是实现自己理想的大好机会，而且他要和波音一起去实现这一伟大的目标。

比尔·阿伦听了乔治·斯托斯的话后，也觉得热血沸腾。超越自己永远是波音的目标，如今波音在航空领域已经卓尔不群，但是在更高远的太空飞行领域波音还没有过尝试，这不是波音的作风！

"斯托斯，从今天起，你就是太空计划的总负责人了。你有信心吗？"仔细思索了一下可行性后，比尔·阿伦对乔治·斯托斯委以重任。

"我将全力以赴。"乔治·斯托斯坚定地答道。

就这样，乔治·斯托斯成为了波音公司太空计划的总负责人。在波音太空之旅的发展历程中，乔治·斯托斯充当着一个重要的角色，可以说是他全力促成了波音公司参加美国的太空计划。

在与乔治·斯托斯这次对话不久，比尔·阿伦召开了董事

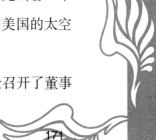

会，在会议上提出了太空计划的建议。

"一直以来，我们波音公司在航天技术上都处于全球领先地位，但是真正的飞行在太空，波音必须站在这一领域的前沿！"比尔·阿伦激情澎湃地向董事们做了一番动员。

董事会通过了波音公司实施太空时代的计划，在一个全新的领域，波音开始了新的征程。

其实，波音公司并不是在打一场毫无准备的硬仗，因为在此之前波音公司的导弹研发技术就已经相当成熟了。早在1946年，波音公司就开始了导弹的研发，因为导弹可借助火箭发动机推进，火箭是一个运行载体，也是太空飞行的第一个要素，所以研发导弹算是太空计划的一个热身运动。当然，波音公司在导弹研发旅程仍"保留"了它一贯的"风格"——多灾多难。

航空与航天的区别看起来是飞行的高度和距离的差别，其实飞到天空和飞到太空两者之间有着巨大的差异。波音公司遇到的第一个挑战就是人才的匮乏，因为公司里的技术人员都是研究飞机的，没有一个是研究火箭的。

梯·威尔逊建立起了"物理研究小组"。电机学教授西塞尔·史德曼博士来到了波音公司，他是著名的物理学家，他被波音的"太空计划"所吸引，并进入了波音公司，可是当他真正开始工作的时候才发现，真正明白"太空"意义的人在波音几乎为零。只有进入太空和研发导弹的伟大抱负是不行的，没有办法，西塞尔·史德曼博士动用了自己的个人关系，为波音招来了一批精兵强将。被招进公司的都是自动导航系统、自动控制系统、高空火箭推进方面的专家，波音终于有了自己的太空研究团队。

正当波音公司的导弹研制工作如火如荼地进行的时候，传来了一个特别令人沮丧的消息。当政府宣布阿波罗计划的时候，不仅波音公司关注，其他公司也一样有浓厚的兴趣，所以，波音公司的导弹尚在襁褓之中时，有些公司已经研发成功了。商场既打质量仗，也要打时间仗，尽管波音坚信自己的导弹仍像他们的飞机一样可靠，但是由于时间滞后，军方并没有特别垂青波音，而让波音坐了冷板凳。

"我们不是输在技术上，我们只是在时间上稍微落后了一些。不能放弃，只要坚持，我们一定有成功的那一天。"比尔·阿伦这样理解波音公司第一枚导弹的命运，波音不会因为一点点挫折就放弃自己的目标，那不是波音的精神。

导弹的技术当然是高端的，但是每一个领域都没有极限，在导弹研发小组的努力下，波音公司的"波马克"导弹一鸣惊人，终于让美国军方看到了他们的存在。

"波马克"导弹是美国空军第一代远程地空飞航式导弹，在区域防空、拦截远距离的中、高空飞机或飞航式导弹方面性能突出，是美国50至60年代中期本土防空最主要的武器系统之一。"波马克"是唯一一种由美国空军设计的地空导弹系统，在美国，其他的地空导弹都是由陆军设计完成的。同时，"波马克"还是世界上射程最远的地对空导弹武器。而且通过

波音公司不断的技术改进，"波马克"的性能越来越高，后来还被加拿大政府采用。

在第一枚导弹不被认可之后，波音公司导弹研发人员没有气馁，他们不断地进行新的尝试。在1950年以前，波音公司用于试验导弹的火箭超过了100枚，终于获得了成功。编号为XSAM-A-1GAPA的地对空无人驾驶飞行器惊艳亮相，波音公司拿到了美国空军的合同，波音再一次成为军事领域里受人瞩目的明星。此后"波马克"为美国军队服役多年，服役期间不断完善的新型号有效地延长了波音公司与军方的合作。

从20世纪40年代中期到60年代初期，是世界军事领域第一代防空导弹研发时期，以高空高速突防的战略轰炸机和战略侦察机为防空重点，而防空导弹的类型主要是中高空和中远程，在众多防空导弹中，"波马克"以卓越的性能和品质成为了第一代防空导弹的代表。尽管"波马克"已经退役多年，但是它曾经的辉煌和荣耀为波音公司留下了经久不衰的美名。

有了运载导弹的技术，波音公司就有了研发运载飞船到太空的基础，所以比尔·阿伦才会同意乔治·斯托斯的太空计划。

太空计划紧张地进行着，波音公司投入了巨大的人力物力。

1966年8月10日，经过夜以继日的奋斗后，波音公司的太空计划小组制造的第一艘宇宙飞船由擎天神火箭送入了月球，这是人类第一次触摸到月亮女神的面颊。两天后，卫星把月球表面的真实情况和样貌传送到了人们眼前。

"成功了！我终于看到月球表面是什么样子了！"波音公司的实验室里一片欢呼声。

大家都激动得热泪盈眶。这是人类第一次揭开梦幻般的月亮女神的面纱，遥不可及的梦想真的实现了！

比尔·阿伦开了一箱的香槟，他兴奋地同实验室的每一个人拥抱，波音公司上下的每一个人都为阿波罗登月计划的初步成功举起了酒杯。

成功路上无坦途，第一步的成功后付出的是艰辛，在日后通往月球的道路上并不是风平浪静的，后来成功登陆月球的12名宇航员，都是踩着先驱者的鲜血铺就的道路才踏上月球的。

1967年1月27日。在肯尼迪航天中心发射台上，人们目睹了永远难忘的一幕。

那天，3名宇航员正在进行发射火箭的试验，突然间火箭起火了。3个鲜活的生命被活活烧死在太空舱里。原来是火箭发射拖车挡住了太空舱，里面的人员不能启动安全设备，所有的人都只能眼睁睁地看着大火无情地吞噬3名宇航员的生命。

比尔·阿伦和太空计划的总负责人乔治·斯托斯作为飞行计划的主要参与者当时也在现场。当他们目睹滚滚烟尘阻隔了救生员和宇航员之间的通道时，他们的心里也充塞了难以驱散的阴霾。

"比尔，那3名宇航员都是最优秀的年轻人啊！我就这样看着他们化为了灰烬，却无能为力。"乔治·斯托斯一支接一

支地抽着烟，好像把自己隐藏在烟雾里就可以挡住那可怕的一幕。

"斯托斯，我和你一样悲痛。但是这条路我们必须继续走下去。波音必须承受住这次死亡的挑战。我们不能让他们3个白白牺牲！"比尔·阿伦搓了搓疲惫的面颊，站起来望向窗外，目光无比地坚定。

在事故发生后，美国太空总署非常震惊。经过一周的调查研究，研究人员终于找出了太空计划的安全隐患。比尔·阿伦、艾迪·威尔斯、乔治·斯托斯联名给美国太空总署写了一封信。信中指出，由于太空计划涉及领域和技术方面太广，而计划的分布又分散不集中，因此美国太空总署不能有效地统领好全局，把握好每一个细节。这次事故就是由于火箭承造商之间毫无联系，每个单位都只顾自己的那一个项目，所以组合起来时就发生了意外。

美国太空总署收到这封信后，紧急召开了太空计划议员大会，希望找到一个解决办法。参议院的委员们一致提出，阿波罗计划的技术和管理评估工作应该交给波音公司。

波音公司安排了2000多人执行这项计划。

"我们不需要波音的人来这里！你们能做什么！这可不是你们飞地球的飞机！"工作刚开始时，进展得并不顺利，太空计划中心的部分人员对波音公司表示质疑。

但正是波音这个"外行"成功领导了"内行"。波音公司用自己先进的管理经验，建立了计算机网络系统，他们把所有太空计划的参与者紧紧联系起来，环环相扣，相互沟通，这样无论是哪个部分出了差错，都可以随时知道并得到解决。

1969年7月20日，下午4时17分43秒，"阿波罗11号"宇宙飞船成功地降落在了月球上。

人类终于怀揣几千年的相思，登上了月球。阿波罗计划总共历时13年。据统计，这次登月计划共耗资255亿美金，共有近2万家企业、200多所大学及80多个科研机构参与其中，大约30万人为这项计划而工作。

"阿波罗"登月是人类史上伟大的壮举，它开辟了人类对宇宙认知的道路。毋庸置疑的是，波音公司在美国登月计划中作出的贡献是巨大的。

波音公司在13年间研制了月球轨道卫星、"月球流浪者"宇宙车、"土星5号"火箭以及太空计划的综合分析信息管理系统。波音的付出是难以想象的，他们为此投入了大量的资金与人力，甚至把波音最顶尖的人才都放到这个计划上，而自己航空飞机的研究都搁置了。

但是，为了自我超越，一切的付出都是值得的。

和创造世界名牌的人

一起放飞梦想

Let the dream fly

结　语

　　波音公司之所以能够百年不倒，有一个很重要的原因，就是波音公司一直秉承着"永远战战兢兢，永远如履薄冰"的生存理念。

　　比尔·阿伦曾说过："没有危机意识的波音，才是波音最大的危机。"

　　纵观波音创业百年的历史，会发现波音曾多次陷入危机。而在早期时候，造成这一结果出现的根本原因就是波音公司过于依赖军方。那时候的波音公司是一只瘸腿的老鹰。正是在波音历代领导者的英明决策下，他们为波音公司装上了民航的另一条腿。他们看到了波音潜在的危机，波音人居安思危，为了不使波音成为离开军方就没办法活下去的孤儿，波音公司努力让自己能够双腿行走。这就是波音公司的危机生存理念。

　　波音在这97年的风雨历程中，总是能够居安思危、正本清源、不断地完善预警措施，防患于未然。

　　近年来，波音一些高层人士提出：波音的未来在太空。

　　乔治·斯坦斯在波音退休前就曾对媒体说过：波音的未来在于美国的太空计划。太空是一个不断成长的市场，人类的太空梦不再遥远。对于波音来说，太空意味着无限的发展空间。

"人类对于太空的开发不会终止。你能想象到2070年的太空计划是什么样子吗？那时候波音又在这个计划里正做着什么？说实话我都不太清楚。但是我知道波音一直在大胆地往前走。去太空寻路这是地球发展下去的必然结果。月球它能吸收大量的氦气。那里有着足够的能源氦3，这正是地球没有的能源。我们可以创造飞往太空的多种载人运输工具，把氦3搬回地球。你们知道吗，它所产生的能量足够全球用2000年以上！并且氦3还可以做任何火箭推动器的动能，那么人类就不用为未来前往火星的能源发愁了。"波音公司一位空间计划负责人详细地描绘了这样一个未来，"或许我们还可以试着去想想，当哪天你游遍了世界山川后突然想到月球来个'到此一游'，甚至在太空某个基地上永久的居住下来，领个'太空人签证'。这不是不可能的。我们波音一直敢于去想，并相信终有一天会成为现实。我们的义务就是提供全美国及世界人们更好更便利的交通网络。我们的责任就是保卫国家的安危。所以说，波音的未来一定在太空！"

　　2011年10月31日，波音公司宣布了他们的"太空出租车"计划，该计划预计于2015年年底完成。"太空出租车"是波音公司在现代推出的梦想飞行器。它是一个名为CST-100的航天器，波音设计师们给"出租车"设计了7个座位，人们可以通过"宇宙神"运载火箭发射出租车而进入太空。该轨道飞行器处理设施坐落于美国宇航局位于佛罗里达州的肯尼迪航天中心。如果计划成功的话，美国宇航员将可以乘坐这种新型"出

租车"往返于地球和太空之间。这将大大降低美国航空总署的经济压力。波音公司计划在4年内将CST-100送入轨道，从此波音将开启一个成本低廉的载人商业太空飞行新时代。

为了将来发射和建造"出租车"，波音公司还专门与肯尼迪航天中心签订了15年的租约。波音租下了该中心的一个大型航天飞机机库，日前已经开始了机库改造工程。波音公司高层甚至设想将来把肯尼迪航天中心转变为一个大型商用太空港。除了将机库等大型设施出租给商业公司外，那里还可以修建和开放更多的旅游项目，让世界各国的游客来这里参加高科技的盛会。波音还将大力研发商业太空船，这样就可以开发未来太空游的商机。如果这一切可以成为现实，那么到时候有胆量的百万富翁们就可以像开自家车一样去太空旅行了。

2015波音带你去太空！2015就在眼前！

近100年的光阴，波音王国于战争中诞生，因战争而闻名，又在和平中求发展，在宇宙中放飞梦想。人类历史的长河如同浩瀚无垠的宇宙一样神秘而漫长，区区百年在其间无疑只是白驹过隙，但是历史再无限延伸，都是由每一个具体的节点连接而成，有多少人多少事能成为那一个个节点里留下的痕迹呢？作为个人，威廉·爱德华·波音留下了他的痕迹，作为团队，波音公司无疑也书写了它浓重的那一笔。

你呢？你能否将你的痕迹留下来呢？

如果你相信自己，如果你不断超越自己，历史的某一个节点上写下的必定是你的名字！